죽음을 생각하는 일은
불길한 상상을 하는 것이 아닙니다.

오히려 오늘을 바르게 살기 위한
믿음의 선택입니다.

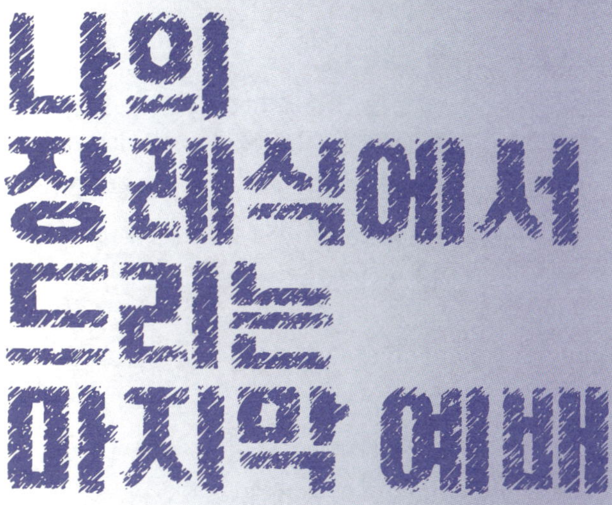

나의 장례식에서 드리는 마지막 예배

이경환 지음

목차

죽음은 누구에게나 찾아오지만, 우리는 늘 준비가 부족합니다.
그리고 장례식장에 서면 더 또렷하게 알게 됩니다.

이경환 목사의 『나의 장례식에서 드리는 마지막 예배』는 장례를 "어쩔 수 없이 치르는 일"로 두지 않고, 마지막까지 하나님 앞에 드리는 예배로 다시 바라보게 합니다. 이 책은 죽음을 앞당겨 생각하자고 말하지 않습니다. 오히려 살아 있는 오늘, 사랑을 미루지 않고 용서를 늦추지 않으며, 믿음으로 관계를 돌보도록 우리를 조용히 부릅니다.

무엇보다 이 책에는 목회 현장에서 길어 올린 온기가 있습니다. 장례식장에서 유가족이 마주하는 당황함, 장례가 끝난 뒤 더 길게 이어지는 애도의 밤들, 저자는 그 자리들을 피하지 않고 함께 서서, 교회가 어떻게 곁이 되어야 하는지를 차분히 짚어 줍니다.

또한 이 책은 읽는 사람을 자연스럽게 멈춰 세웁니다.
"내가 떠나는 날, 남겨질 사람들에게 무엇을 남길 것인가."
"내 삶은 어떤 믿음으로 기억될 것인가?"
그 질문 앞에서 독자는 장례를 준비하는 것이 곧 삶을 믿음으로 가다듬는 일임을 깨닫게 됩니다.

이 책이 목회자에게는 따뜻하고도 실제적인 길잡이가 되고, 성도에게는 오늘을 더 사랑으로 살게 하는 신앙의 안내서가 되리라 믿습니다.
기쁜 마음으로 이 책을 추천합니다.

박종인 목사
한국기독교장례연구소 이사 / 효성영광교회 위임목사

저는 2025년 서울장신대학교 대학원에서 이경환 목사의 박사학위논문 「한국 장로교에 나타난 장례 연구」를 지도하였습니다. 그는 자신의 심장병을 겪으며, 목회와 죽음의 경계 앞에서 이 연구를 성실하게 써 내려갔습니다.

그 학문적 결실이 이번에 『나의 장례식에서 드리는 마지막 예배』라는 따뜻하고도 아름다운 책으로 다시 태어났습니다. 이 책은 장례를 단지 죽음 이후의 절차로 다루지 않고, 오늘의 삶과 믿음을 비추는 마지막 예배로 새롭게 해석합니다.

저자는 장례를 준비하는 일이 죽음을 불길하게 앞당기는 것이 아니라, 사랑을 미루지 않고 용서를 늦추지 않으며 믿음으로 오늘을 정돈하는 영적 결단임을 차분하고 설득력 있게 보여 줍니다.

무엇보다 이 책은 학문적 깊이를 잃지 않으면서도 일반 성도들이 읽고 공감할 수 있는 언어로 쓰였습니다. 죽음의 두려움, 부활의 소망, 장례 예배의 본질, 공동체의 돌봄을 다루면서도, 끝내 독자를 어둠이 아니라 복음의 위로와 소망으로 이끕니다.

저는 이 책이 목회자와 신학생은 물론 평신도들에게도 깊은 울림과 실제적인 도움을 줄 것이라 믿으며, 기쁜 마음으로 추천합니다.

송인설 교수
서울장신대학교 신학과 교수

우리는 죽음을 가르치지 않습니다.

죽음은 누구에게나 찾아오는 인간 존재의 가장 분명한 현실이지만, 우리는 그것에 대해 침묵합니다. 교회에서도, 교육에서도, 일상의 대화에서도 죽음은 가능한 뒤로 미뤄지고 회피되는 주제가 되었습니다.

그러나 기독교 신앙은 죽음을 외면하지 않습니다. 오히려 창조와 종말, 그리고 부활의 소망 속에서 인간의 삶을 바라봅니다. 그렇다면 교회는 이 죽음을 어떻게 이해하고, 어떻게 가르쳐야 할까요? 기독교교육과 실천신학의 관점에서 이 질문은 매우 중요한 과제가 됩니다.

이 책은 바로 그 질문에서 출발합니다. 장례예배를 단순한 절차나 의례로 보지 않고, 신앙을 드러내는 예배의 자리로 다시 바라보게 합니다. 장례는 한 사람의 삶이 하나님 앞에서 어떻게 기억되는지를 보여 주는 자리이며, 동시에 남겨진 이들이 삶과 믿음을 다시 배우는 자리이기도 합니다.

그래서 이 책은 하나의 장례 예식서를 넘어섭니다. 장례예배를 깊이 성찰하는 신앙서이면서, 동시에 죽음을 통해 삶을 다시 배우게 하는 교육서입니다. 죽음을 묵상할 때 우리는 삶을 더 분명하게 바라보게 됩니다.

죽음을 회피하는 시대 속에서, 이 책은 장례예배를 다시 신앙의 자리이자 교육의 자리로 끌어올립니다. 그리고 우리에게 묻습니다.

"우리는 어떤 믿음으로 오늘을 살고 있는가?"

안정도 교수
장로회신학대학교 기독교교육과 교수

나는 살아 있을 때
나의 마지막 예배를
준비하는 성도입니다

이 제목을 처음 보면 마음이 멈칫할지도 모릅니다.

"왜 그런 이야기를 지금 하나요?"

"벌써요? 아직 먼 이야기 아닌가요?"

맞습니다.

장례는 우리에게 언제나 멀고도 불편한 주제입니다.

그래서 우리는 가능한 한 미루고, 피하고, 말하지 않으려 합니다.

그런데 저는 목회 현장에서 한 가지를 자주 보았습니다.

장례식장에서 가장 많이 남는 말은

"잘 보내 드렸다"가 아니라

"그때 말할 걸…"이라는 후회였습니다.

사랑했지만 충분히 말하지 못했고,

미안했지만 끝내 풀지 못했고,

용서하고 싶었지만 타이밍을 놓친 마음이 있었습니다.

그리고 그 마음은 장례가 끝난 뒤에도 오래 남아 있었습니다.

장례를 준비한다는 것은 죽음을 앞당겨 생각하는 일이 아니라,

사랑을 미루지 않겠다는 결단입니다.

장례예배는 죽은 뒤에 갑자기 시작되는 예배가 아닙니다.

그 예배는 이미 오늘의 삶 속에서 준비됩니다.

오늘 내가 어떤 말을 남기며 살았는지,

오늘 내가 누구와 화해하며 살았는지,

오늘 내가 무엇을 붙들고 기도하며 살았는지가

언젠가 그 예배의 내용이 됩니다.

그래서 이 책은 장례 절차를 정리하는 책이 아닙니다.

무엇을 해야 하는지 체크하는 책도 아닙니다.

이 책은 한 가지를 조용히 묻는 책입니다.

"나는 어떤 믿음으로 오늘을 살고 있는가?"

"나의 마지막 예배에 무엇이 남기를 원하는가?"

이 질문은

죽음을 두렵게 바라보자는 말이 아니라,

삶을 더 선명하게 살자는 초대이기 때문입니다.

"나는 살아 있을 때 나의 마지막 예배를 준비하는 성도입니다."

이 고백은 죽음을 위한 말이 아니라 오늘을 위한 믿음의 말입니다.

이 책의 끝에는 당신이 직접 적어 내려갈 수 있는 페이지들도 준비했습니다.

그것은 단순한 '작성지' 가 아니라

당신의 마지막 예배를 위한 신앙 고백서가 될 것입니다.

부디 이 책을 읽으며

두려움이 아니라 믿음으로,

슬픔이 아니라 사랑으로,

준비를 넘어 예배로

당신의 오늘이 조금 더 주님 앞에 곧게 서기를 바랍니다.

이 책을 낼 수 있도록 도와주신 많은 분들이 있습니다.

기도와 사랑으로 함께해 주신 송도예수소망교회 김영신 목사님과 성도님들, 춘천동부교회 김한호 목사님과 성도님들, 그리고 이름 없이 하나님의 교회를 위해 중보해 주신 많은 성도님들께 깊이 감사드립니다. 또한 인천노회와 계양시찰회 목사님들의 관심과 격려도 큰 힘이 되었습니다. 여러 시련 속에서도 가정을 지켜 준 사랑하는 아내 김선주와 아들 중현, 딸 세린에게 고마움을 전합니다.

끝으로 길벗교회 성도님들께 감사드리며, "함께 즐거워하고 함께 울자"(롬 12:15)는 말씀처럼 앞으로도 사랑으로 '함즐함울'의 공동체를 세워가기를 소망합니다.

1부

죽	음	을			
피	하	지		않	고
마	주	하	다		

1

나의 장례식을
상상해 본 적이 있나요

장례식장에 들어가면 특유의 공기가 있습니다.

조용하지만 무겁고, 분주하지만 말이 적습니다. 사람들은 서로 눈을 마주치며 인사하지만, 누구도 오래 말을 잇지 못합니다.

국화 향이 은은하게 퍼지고, 벽면에는 검은 리본이 달린 근조화환이 줄지어 서 있습니다. 그 사이로 사람들이 조심스럽게 걸어 다닙니다. 누군가는 휴대폰을 붙잡고 장례 절차를 묻고, 누군가는 멍하니 의자에 앉아 허공을 바라봅니다.

영정사진 속 고인은 웃고 있습니다.

하지만 그 앞에 서 있는 사람들의 얼굴은 굳어 있습니다.

그 모습을 바라보다가 문득 이런 생각이 듭니다.

'언젠가 저 자리에 내 사진이 놓이겠지…'

그런데 우리는 그 생각을 오래 붙들지 않습니다. 괜히 불길한 상상 같아서 얼른 지워 버립니다.
"아직 멀었어."
"괜히 그런 생각하지 말자."

하지만 성경은 우리가 외면하고 싶은 그 현실을 분명히 말합니다.
"한 번 죽는 것은 사람에게 정해진 것이요" (히 9:27)

죽음은 혹시 올지도 모르는 일이 아니라, 누구에게나 찾아오는 인생의 현실입니다. 그래서 죽음을 생각한다는 것은 겁나는 일이 아니라, 삶을 더 분명히 바라보기 위한 일입니다.

그런데 이상하지 않습니까?
결혼식은 일 년 전부터 준비하고, 자녀 교육은 십 년, 이십 년을 고민하면서도 정작 내 인생의 마지막 예배에 대해서는 거의 준비하지 않은 채 살아갑니다.

한 장례식에서 이런 일이 있었습니다.

유가족이 제게 다가와 이렇게 말했습니다.

"목사님… 아버지가 살아 계실 때 이런 예배를 미리 준비해 놓았으면 얼마나 좋았을까요. 지금은 우리가 뭘 해야 할지 모르겠어요. 어떤 찬송을 불러야 할지, 어떤 말씀을 읽어야 할지도 모르겠어요…"

그 말이 마음에 오래 남았습니다.

우리는 너무 늦게 장례를 준비합니다.

이미 고인은 말을 할 수 없고, 가족들은 정신이 없고, 교회는 시간에 쫓기고, 장례식장은 다음 일정을 향해 움직입니다. 그 혼란 속에서 "장례 예배"는 준비되지 못한 채 급하게 지나가 버리기 쉽습니다.

그날 이후 저는 이런 생각을 하게 되었습니다.

장례는 죽은 뒤에 준비하는 것이 아니라,
살아 있을 때 준비해야 하는 예배일지도 모릅니다.

그래서 조용히 스스로에게 질문해 보았습니다.
내 장례식에 누가 와 있을까?

그들은 나를 어떻게 기억할까?

그 자리에서 어떤 말씀이 읽히고, 어떤 찬송이 불러질까?

그리고 무엇보다, 그 예배를 통해 무엇이 선포될까?

이 질문은 죽음을 끌어당기려는 질문이 아닙니다.

오히려 오늘을 어떻게 살아야 하는지를 묻는 질문입니다.

장례식장은 한 사람의 인생이 몇 시간 안에 정리되는 자리입니다.

그곳에서는 재산도, 직함도, 명함도 오래 남지 않습니다.

오히려 마지막까지 남는 것은 아주 단순한 한 가지입니다.

"그가 어떤 믿음으로 살았는가?"

제가 장례에 큰 관심을 갖게 된 것은 불과 몇 년 전의 일입니다. 목사로서 장례는 목회 현장의 한 부분이었지만, 그때만 해도 장례를 깊이 공부해야겠다는 생각까지는 하지 못했습니다.

그런데 저는 지난 십 년 동안 큰 수술을 여섯 번이나 경험했습니다. 몸이 뜻대로 되지 않는 시간을 지나며, 죽음이 결코 멀리 있는 이야기가 아닐 수도 있다는 생각을 자주 하게 되었습니다. 특히 뇌출혈 수술을 마치고 중환자실에서 보낸 시간이 제 마음을 크게 바꾸어 놓았습니다.

제 옆 침대에 계시던 한 할머니께서 아주 조용히 찬송을 부르고 계셨습니다. 찬송이 끝나자, 그분은 작은 목소리로 기도하셨습니다.

저는 속으로 '신앙이 깊으신 분이구나' 하고 생각했습니다.

그런데 잠시 후 병원 방송에서 "코드 블루, 코드 블루"라는 긴급 호출이 울렸고, 의료진이 그분의 침대로 급히 몰려갔습니다. 의사 선생님들은 침대 위로 올라가 심폐소생술을 했고, 곧 사망 선고가 내려졌습니다.

저는 예상치 못하게 그분의 마지막 순간을 옆에서 지켜보게 되었습니다. 다음 날, 고인의 자녀들이 중환자실로 와서 의사 선생님의 설명을 듣고 있을 때, 저는 조심스럽게 그들에게 말을 전했습니다.

"어머님은 마지막까지 찬송을 부르시고, 기도하시다가 돌아가셨어요. 마지막이 힘들고 고통스러웠던 것만은 아니었습니다. 목사인 제가 보아도 어머님의 신앙이 참 귀하게 느껴졌습니다. 유족들도 어머님이 믿고 붙드셨던 그 믿음을 마음에 품고 살아가시면 좋겠습니다."
그날 이후 제 마음에는 한 가지 생각이 깊이 남았습니다.

'성도의 죽음은 그냥 끝이 아니구나. 마지막 순간까지도 예배가 될 수 있구나.'

그리고 동시에 이런 마음도 생겼습니다.
'이 믿음이 장례의 자리에서 제대로 전해지도록 돕고 싶다.'

그렇게 저는 퇴원 후 장례지도사를 공부했고, 더 깊이 배우기 위해 박사 과정까지 걸어가게 되었습니다. 지금 제가 이 책을 쓰는 이유도, 결국 그 한 장면에서 시작되었습니다.

죽음을 생각하는 일은 우리를 무겁게 만드는 것이 아니라, 오히려 믿음으로 오늘을 다시 세웁니다.

이 책은 장례를 '미리 준비하라'고 겁주기 위한 책이 아닙니다.
장례를 묵상하며 오늘의 신앙을 다시 돌아보도록 돕는 책입니다.

내 장례식을 상상해 보는 순간, 오늘의 삶이 조금씩 달라지기 시작하기 때문입니다.

1장 마무리 묵상

죽음을 생각하는 일은

불길한 상상을 하는 것이 아닙니다.

오히려 오늘을 바르게 살기 위한 믿음의 선택입니다.

"한 번 죽는 것은 사람에게 정해진 것" (히 9:27)이라는 말씀은

우리를 겁주려는 문장이 아니라,

삶이 얼마나 귀한지 깨닫게 하는 초대입니다.

그래서 장례를 미리 생각하는 일은

죽음을 끌어당기는 일이 아니라,

오늘의 삶을 가다듬는 일입니다.

사랑을 미루지 않도록,

화해를 미루지 않도록,

말뿐이 아닌 삶으로 살아가는 믿음이 되도록,

이것이 이 책이 시작되는 이유입니다.

2

천국은 믿는데,
죽음은 왜 두려울까요

"목사님… 천국은 믿는데요, 죽는 건 두려워요."

병상에 누워있는 한 권사님의 손을 붙잡고 있을 때 들었던 말입니다.
그 손에는 힘이 없었지만, 그 고백에는 너무 많은 진실이 담겨 있었습니다.

저는 한동안 아무 말도 하지 못했습니다.
믿음이 부족해서 하는 말이 아니라는 것을 알았기 때문입니다.
믿음이 없는 말이 아니라 너무 정직한 말이기 때문입니다.
오히려 너무 솔직해서, 너무 인간적이어서 나오는 고백이었습니다.

우리는 신앙생활을 하면서 '천국'에 관한 많은 설교를 듣습니다.

부활에 대해서도, 영원한 생명에 대해서도 수없이 설교를 듣습니다.

천국은 믿지만, 죽음은 여전히 낯섭니다.

부활은 믿지만, 마지막 호흡은 두렵습니다.

이것은 이상한 일이 아닙니다.

성경 속 믿음의 사람들도 그랬습니다.

다윗은 이렇게 고백합니다.

"내가 사망의 음침한 골짜기로 다닐지라도…" (시 23:4)

시편 23편은 아름다운 평안만 말하지 않습니다.

인생에는 초장과 쉴만한 물가가 있지만, 때로는 '골짜기 같은 시간'도 있
다는 사실을 숨기지 않습니다. '사망의 음침한 골짜기'는 말씀 그대로 죽
음의 그림자가 드리운 듯한 어둠을 가리킵니다.

그런데 다윗의 고백이 더 놀라운 것은, 그 어둠을 부정하지 않으면서도
이렇게 말하기 때문입니다.

"해를 두려워하지 않을 것은 주께서 나와 함께 하심이라" (시 23:4)

두려움이 사라졌다는 말이 아닙니다.

두려움 속에서도 혼자가 아니라는 확신이 생겼다는 고백입니다.

저는 장례 현장에서 이 차이를 종종 봅니다.

같은 슬픔 속에서도 누군가는 '완전히 혼자'인 것처럼 무너지고,

누군가는 눈물을 흘리면서도 '붙들림'을 경험합니다.

상황이 달라서가 아니라, 마음 한가운데에 '함께하심'이 있느냐가 다르기 때문입니다.

예수님도 십자가를 앞두고 이렇게 말씀하셨습니다.

"내 마음이 매우 고민하여 죽게 되었으니…" (마 26:38)

이 말씀은 겟세마네 동산에서 하신 말씀입니다.

예수님은 십자가의 시간이 다가오는 것을 아시고, 제자들과 함께 그곳에 가셔서 기도하셨습니다.

그리고 베드로와 야고보와 요한을 가까이 데리고 가시며 이렇게 부탁하셨습니다.

"여기 머물러 나와 함께 깨어 있으라" (마 26:38)

그날 밤, 예수님은 외로움과 두려움이 전혀 없는 모습으로 '강한 사람처

럼' 서 계신 것이 아니라,

슬픔과 압박이 실제로 밀려오는 자리에서 하나님 앞에 엎드려 기도하셨습니다.

이 말씀은 "차라리 죽는 게 낫다"는 뜻이 아니라,

슬픔이 너무 깊어 마음이 무너질 것 같다는 표현입니다. 예수님의 심적 갈등이 이 단어 속에 침통히 새겨져 있습니다. 예수님은 인간의 고통을 멀리서 설명하지 않으시고, 직접 겪으셨습니다.

이 장면은 우리에게 큰 위로가 됩니다.

죽음이 두려운 마음이 있다고 해서, 그것이 곧 믿음의 실패는 아니라는 것.

신앙이 깊은 사람도, 가장 거룩하신 예수님도, 그 어두운 순간을 '사람의 마음'으로 지나가셨다는 것.

그러므로 우리는 "두려워하면 안 된다"는 말로 자신을 몰아붙이기보다,

두려움을 주님 앞에 그대로 가져갈 수 있어야 합니다.

또 한 가지, 사람들이 죽음 앞에서 가장 두려워하는 것은 죽음 그 자체만이 아닙니다.

아픔, 무기력, 낯선 치료, 통제할 수 없는 상황…

그리고 무엇보다 남겨질 사람들입니다.

죽음 앞에서 사람은 자신보다 남겨질 사람을 더 걱정합니다.

그래서 죽음은 단지 개인의 문제가 아니라, 관계의 문제가 됩니다.

죽음 앞에서 사람은 자신보다 사랑하는 사람을 먼저 떠올립니다.

"내가 사망의 음침한 골짜기로 다닐지라도 해를 두려워하지 않을 것은
주께서 나와 함께 하심이라" (시 23:4)

이 말씀을 들을 때, 누군가는 눈을 감고 숨을 고르고, 누군가는 손에 힘
을 줍니다.

죽음이 쉬워진 게 아니라, 그 순간에도 혼자가 아니라는 사실이 작은 숨
통이 되어 주는 것입니다.

죽음이 무섭지 않아서가 아니라,

그 순간에도 혼자가 아니라는 사실이 위로가 되었기 때문입니다.

기독교 신앙은 죽음을 없애 주는 신앙이 아닙니다.

죽음의 순간에도 하나님이 함께하신다는 것을 붙들게 하는 신앙입니다.

성경은 두려움을 꾸짖기보다, 두려움 속에서 우리를 붙드시는 하나님

을 보여 줍니다.

"두려워하지 말라 내가 너와 함께 함이라 놀라지 말라 나는 네 하나님이 됨이라 내가 너를 굳세게 하리라 참으로 너를 도와 주리라 참으로 나의 의로운 오른손으로 너를 붙들리라" (사 41:10)

이 약속의 중심은 단순합니다.
내가 약해져도, 두려워할 때에도 하나님은 멀어지지 않으신다는 것입니다.

죽음을 묵상하는 일은 삶을 어둡게 만드는 일이 아닙니다.
오히려 삶을 더 정직하게 만드는 일입니다.

죽음을 생각하면 미뤄 둔 말이 떠오르고, 풀지 못한 관계가 생각나고, '나중에'라는 말이 얼마나 쉽게 후회가 되는지 알게 됩니다.
그래서 죽음을 생각하는 성도는 오늘을 더 소중히 살려고 애씁니다.

장례를 준비한다는 말은 무언가를 미리 마련해 두는 일이 아니라, 마음을 준비하는 일입니다.
오늘 사랑을 숨기지 않고, 오늘 용서를 미루지 않고, 오늘 하나님 앞에 삶을 정돈하는 일입니다.

이 약속의 중심은 단순합니다.
내가 약해져도, 마음이 흔들려도, 하나님은 멀어지지 않으신다는 것입
니다.

그래서 임종의 순간에 우리는 이렇게 기도할 수 있습니다.
"주님, 두렵습니다. 그러나 주님이 함께하심을 믿습니다."
그 고백은 두려움을 부정하는 말이 아니라, 두려움 속에서 숨을 쉬게 하
는 믿음의 말입니다.

천국을 믿는 사람도 죽음이 두려울 수 있습니다.
그러나 그 두려움 속에서도 우리는 혼자가 아닙니다.
주께서 우리와 함께하십니다.

2장 마무리 묵상

두려움이 있다는 것은

믿음이 없다는 뜻이 아닙니다.

믿음은 두려움을 지우는 힘이 아니라,

두려움 속에서 "함께하심"을 붙드는 은혜입니다.

주님,

저의 마지막 시간에도

"내가 너와 함께한다" 하신 약속으로

저를 붙들어 주소서.

3

죽음은 끝이 아니라
옮겨감입니다

"이제 다 끝났네요…"

장례식장에서 그 말을 들을 때마다 마음이 먹먹해집니다. 정말 끝일까요?

우리는 너무 쉽게 죽음을 '끝'이라고 말합니다. "끝났다", "돌아가셨다",

"이제 안 계신다."

그런데 성경은 죽음을 그렇게 표현하지 않습니다.

성경은 죽음을 '잠들었다'(요 11:11-14, 행 7:60, 고전 15:18, 20)와

'옮겨갔다'(빌 1:23, 히 11:5)라고 말합니다.

이 표현은 죽음을 가볍게 만드는 말이 아닙니다.

오히려 죽음의 무게를 인정하면서도, 그 너머를 바라보게 하는 신앙의

언어입니다.

어느 장례식에서 있었던 일입니다.

조용히 생각에 잠겨 있던 한 초등학생이 이렇게 물었다고 합니다.

"목사님, 할아버지는 이제 어디에 있어요?"

목사님은 잠시 망설이다가 이렇게 대답했습니다.

"하나님 곁에 계시지."

그러자 아이가 다시 말했습니다.

"그럼 할아버지는 하나님 집으로 이사 가신 거네요?"

그 말을 듣는 순간, 그 자리에 있던 어른들의 얼굴에는 슬픔 속 미소가 번졌다고 합니다.

아이의 말 한마디가 신학보다 더 정확했습니다. 죽음은 사라짐이 아니라, 하나님께로 옮겨가는 일입니다.

성경은 죽음을 '잠듦'이라고 표현합니다.

바울은 데살로니가 교회 성도들에게, 이미 세상을 떠난 이들 때문에 마음이 무너지는 일을 두고 이렇게 말합니다.

"소망 없는 다른 이와 같이 슬퍼하지 않게 하려" (살전 4:13)

그리고 그 이유를 곧바로 덧붙입니다.

"우리가 예수께서 죽으셨다가 다시 살아나심을 믿을진대 이와 같이 예수 안에서 자는 자들도 하나님이 그와 함께 데리고 오시리라" (살전 4:14)

잠든다는 말은 다시 깨어날 것을 전제합니다.
그러니 이 말씀은 우리의 슬픔을 금지하는 말이 아니라, 슬픔 속에서도 소망을 붙들게 하는 말씀입니다.

그래서 기독교 신앙 안에서 죽음은 '영원한 이별'이 아니라, '잠시의 헤어짐'입니다.
우리가 슬퍼하는 이유는 지금은 그 얼굴을 볼 수 없기 때문입니다.
그러나 믿음은 이렇게 고백합니다.
"지금은 헤어져 있지만, 주 안에서 다시 만나게 될 것입니다."

예수님도 죽음을 이렇게 말씀하셨습니다.
"우리 친구 나사로가 잠들었도다… 내가 깨우러 가노라" (요 11:11).
제자들은 그 말을 오해했지만(요 11:12-13), 예수님은 분명히 죽음을 '잠'이라 부르실 수 있는 분, 잠든 자를 깨우실 수 있는 분이셨습니다.

그래서 기독교 장례에는 슬픔과 소망이 함께 있는 분위기가 있습니다.

분명히 슬픈데, 절망하지 않습니다. 울고 있는데, 무너지지 않습니다.
왜냐하면 죽음을 '끝'으로 보지 않기 때문입니다.

한 번은 이런 일이 있었습니다.
평생 교회를 섬기던 장로님이 별세하셨습니다. 장례예배가 끝나고 가족
들과 함께 식사를 하게 되었는데, 큰아들이 이런 말을 했습니다.
"아버지가 돌아가신 게 아직도 실감이 안 나요. 마치 멀리 여행 가신 것
같아요."

그 말 속에는 허전함도 있었지만, 설명하기 어려운 평안도 있었습니다.
믿음이 주는 감정은 참 독특합니다. 슬픔과 평안이 동시에 존재합니다.
사람이 떠났다는 사실은 슬프지만, 그 사람이 하나님 곁에 있다는 믿음
은 평안을 줍니다. 그래서 죽음을 '옮겨감'이라고 표현하는 것입니다.

우리는 살아가면서 이사를 많이 합니다. 집을 옮기고, 도시를 옮기고,
환경을 옮깁니다. 처음에는 낯설지만, 시간이 지나면 그곳이 또 익숙해
집니다.
죽음은 영원히 사라지는 것이 아니라, 장소가 바뀌는 일입니다. 이 땅에
서 하나님 나라로, 시간의 세계에서 영원의 세계로 옮겨가는 일입니다.
바울은 이것을 아주 담대하게 말합니다. "차라리 몸을 떠나 주와 함께

있는 그것이라" (고후 5:8), "오늘 네가 나와 함께 낙원에 있으리라" (눅 23:43)라고 하신 주님의 약속도 같은 방향을 가리킵니다.

그래서 바울은 이렇게 고백합니다.
"내가 그 둘 사이에 끼었으니 차라리 세상을 떠나 그리스도와 함께 있는 것이 훨씬 더 좋은 일이라…" (빌 1:23)
이 고백은 죽음을 가볍게 여기는 말이 아닙니다. 죽음 너머를 분명히 알고 있는 사람의 고백입니다.

그리스도 안에 있다는 것은 '지금 여기'에서 끝나지 않습니다. 죽음 이후에도 우리는 여전히 주 안에 있습니다.

장례식장에서 유가족이 "이제 다 끝났네요"라고 말할 때, 우리는 이렇게 말해 주어야 합니다.
"끝이 아닙니다. 하나님께로 옮겨가신 것입니다."

이 한 문장이 유가족의 마음을 붙잡아 줍니다. 죽음을 끝으로만 본다면 장례는 절망의 자리입니다. 그러나 죽음을 옮겨감으로 믿는다면, 장례는 하나님께 의탁하는 자리가 됩니다.

"하나님, 이제 이 영혼을 맡깁니다."

이 고백이 가능해지는 이유는, 죽음을 '옮겨감'으로 보기 때문입니다.

스데반의 마지막도 그랬습니다. 돌에 맞는 순간에도, 그는 미움을 남기기보다 기도를 남기고 잠들었다고 말합니다(행 7:60).

성도의 마지막은 절망이 아니라 주님께 맡김으로 마무리될 수 있습니다.

3장 마무리 묵상

우리는 죽음을 '끝'이라고 배워 왔지만,

성경은 죽음을 '옮겨감'이라고 말합니다.

이 차이는 매우 큽니다.

'끝'은 절망을 만들지만,

'옮겨감'은 소망을 만듭니다.

그래서 장례예배는 이렇게 고백하는 자리입니다.

"끝이 아닙니다. 하나님께로 옮겨가신 것입니다."

이 믿음이 있을 때,

우리는 울면서도 무너지지 않을 수 있습니다.

4

울어도 괜찮습니다

장례식장에서 많은 사람들이 눈물을 참습니다.

"믿음이 있는데 울면 안 될 것 같아서요…"

어느 권사님이 제게 조용히 하신 말입니다.

눈은 이미 붉어졌는데, 계속 손수건으로 눈가를 누르고 계셨습니다.

마치 눈물을 보이면 믿음이 약해 보일까 염려하는 듯했습니다.

그런데 성경은 그렇게 말하지 않습니다.

성경은 믿음의 사람들도 울었다고 분명하게 기록합니다.

아브라함도 울었고,

다윗도 울었고,

예레미야는 '눈물의 선지자'라고 불렸습니다.

아브라함은 평생의 동반자였던 사라를 잃고 '슬퍼하며 애통'했습니다
(창 23:2).

성경이 슬픔을 한 번만 말하지 않고, '슬퍼'하고 '애통'했다며 연이어 표
현하는 것은 그 슬픔이 얼마나 컸는지 그대로 보여 줍니다.

다윗은 사울과 요나단의 전사 소식 앞에서 옷을 찢고 울며 금식했습니
다(삼하 1:11-12).
옷을 찢는 행위는 겉치레가 아니라, 마음이 견딜 수 없을 만큼 아플 때
드러나는 성경적 애도의 표현입니다.

예레미야는 예루살렘의 심판과 백성의 상처 앞에서 "내 눈은 눈물 근원
이 되었으면" 하고 울었습니다(렘 9:1).
믿음이 깊어질수록 마음이 무감각해지는 것이 아니라, 오히려 더 아파
하고 더 울 수 있다는 사실을 보여 줍니다.

그리고 무엇보다, 예수님도 우셨습니다.
"예수께서 눈물을 흘리시더라" (요 11:35)

나사로의 무덤 앞에서 예수님은 우셨습니다.

나사로를 곧 살려내실 것을 알고 계셨으면서도, 그 자리에 있는 사람들의 슬픔 앞에서 함께 우셨습니다.

성경에서 말하는 예수님의 눈물은 요란한 통곡이라기보다, 조용히 흘리는 눈물에 가깝습니다.

죽음의 권세 앞에서 신음하는 마르다와 마리아, 그리고 함께 울고 있는 사람들을 보시며 깊은 연민과 긍휼을 느끼셨기 때문입니다.

그 눈물은 믿음의 실패가 아니라, 사랑의 깊이였습니다.

한 번은 장례예배 도중에 유가족 한 분이 갑자기 통곡을 하셨습니다.

그 통곡은 예배를 깨뜨리는 소리가 아니었습니다.

오히려 예배를 더 진실하게 만드는 눈물이었습니다.

그 순간, 그 자리에 있던 사람들 모두의 마음이 함께 젖어들었습니다.

눈물은 전염됩니다.

그리고 그 눈물 속에서 사람들은 서로를 더 깊이 이해하게 됩니다.

성경은 우리에게 이렇게 말합니다.

"우는 자들과 함께 울라" (롬 12:15)

이 말씀은 단순한 위로가 아니라, 공동체의 태도에 대한 명령입니다.

교회는 슬픔 앞에서 멀찍이 서 있는 공동체가 아니라, 곁에 서는 공동체가 되어야 합니다.

그래서 장례에서 함께 우는 것은 분위기에 휩쓸리는 감정이 아니라, 성경에 대한 순종입니다.

기쁨과 슬픔을 함께 드러내고 함께 나누는 공동체는 서로를 더 단단하게 붙잡아 줍니다.

서로의 슬픔을 함께하는 교회는 작은 천국의 모습을 닮아 갑니다.

장례는 눈물을 참는 자리가 아니라, 함께 울어도 되는 자리입니다.

눈물은 약함의 표시가 아니라, 사랑의 표시입니다.

어느 장례식에서, 평소에 매우 엄격하고 말이 없던 장로님이

갑자기 고개를 숙이고 소리 없이 울기 시작하셨습니다.

그 모습을 보고 많은 성도들이 함께 울었습니다.

나중에 그 장로님이 이런 말씀을 하셨습니다.

"나는 울지 않으려고 했는데, 마음이 무너지더군요…"

그날 그 장례식은 누구에게도 잊히지 않는 예배가 되었습니다.

눈물이 있었기 때문입니다.

눈물이 없는 장례는 차갑습니다.

그러나 눈물이 있는 장례는 따뜻합니다.

우리는 종종 이렇게 생각합니다.

'믿음이 있으면 덜 슬퍼야 한다.'

그러나 믿음은 슬픔을 없애 주지 않습니다. 다만 그 슬픔을 혼자 견디지 않게 해 줍니다.

사도행전에는 스데반의 장례가 짧게 기록되어 있습니다.

"경건한 사람들이 스데반을 장사하고 위하여 크게 울더라" (행 8:2)

신속하고 위험한 상황에서도, 그들은 사랑으로 장례를 치렀고, 크게 애도했습니다. 성경은 '경건한 사람들'이 '크게 울었다'는 것을 숨기지 않습니다.

눈물은 사랑의 깊이를 보여 줍니다.

그래서 장례는 눈물을 숨기는 자리가 아니라, 눈물을 통해 사랑을 드러내는 자리입니다.

4장 마무리 묵상

믿음이 있다고 해서 울지 않는 것이 아닙니다.

믿음이 있기 때문에 울 수 있는 것입니다.

성경은 눈물을 숨기지 않습니다.

아브라함도 애통했고, 다윗도 울었고, 예수님도 우셨습니다.

장례는 눈물을 참는 자리가 아니라,

눈물을 통해 위로받는 자리입니다.

그래서 우리는 이렇게 고백할 수 있습니다.

"울어도 괜찮습니다."

이 눈물이,

이 예배를 더 진실하게 만듭니다.

2부

장례예배는 부활을 선포하는 고백

5

장례예배의
주인공은 누구인가

장례식장에 들어서면 사람들의 시선은 자연스럽게 한 곳으로 모입니다.
영정사진

그 사진 앞에 서면, 사람들은 고인을 떠올립니다.
함께했던 시간, 나누었던 말, 기억에 남는 장면들이 머릿속을 스쳐 지나갑니다.
그래서 장례식장은 '기억의 자리'가 됩니다.

그런데 기독교 장례는 단순한 기억의 자리가 아닙니다.
예배의 자리입니다.

예배에는 반드시 중심이 있습니다.

그렇다면, 장례예배의 주인공은 누구일까요?

우리는 종종 이렇게 생각합니다.

'오늘의 주인공은 고인이다.'

그래서 고인의 삶을 길게 이야기하고,

고인의 성품을 칭찬하고,

고인이 얼마나 훌륭했는지를 강조합니다.

물론 그것이 잘못은 아닙니다.

하지만 그것이 예배의 중심이 되면, 장례는 예배가 아니라 추모식이 됩니다.

어느 장례식에서 유가족이 제게 이런 부탁을 했습니다.

"목사님, 우리 아버지 정말 좋은 분이셨어요. 그 이야기를 많이 해 주세요."

그 마음을 충분히 이해합니다.

사랑하는 사람을 잃은 가족에게는, 그 사람이 얼마나 귀했는지를 모두가 알아주기를 바라는 마음이 있습니다.

그러나 그날 설교는 이렇게 시작했습니다.

"오늘 이 예배의 주인공은 예수 그리스도이십니다."

그리고 이어서 이렇게 말했습니다.

"이분이 훌륭했던 이유는 예수님을 믿으며 살았기 때문입니다. 이분을 살게 하신 분이 하나님이십니다."

그 순간, 유가족의 표정이 바뀌는 것을 보았습니다.

고인을 높이는 말이 아니라, 고인을 붙들고 살게 하신 하나님을 높이는 말이었기 때문입니다.

기독교 장례가 예배가 되려면, 고인이 아니라 예수 그리스도가 중심에 서야 합니다.

왜냐하면 장례는 죽음을 이기신 분을 선포하는 자리이기 때문입니다.

고인은 죽음을 경험했지만, 예수님은 죽음을 이기셨습니다.

이 고백이 빠지면, 장례는 슬픔으로만 남습니다.

그러나 이 고백이 있으면, 장례는 복음이 됩니다.

기독교 장례는 고인을 미화하는 자리가 아닙니다.

고인을 정직하게 하나님 앞에 맡기는 자리입니다.

"은혜로 살아가셨습니다."

이 말 속에는 고인을 높이는 교만도 없고, 그를 낮추는 평가도 없습니다.

오직 하나님이 그를 붙들고 살아오게 하셨다는 고백만 있습니다.

장례식장에서 우리가 들어야 할 가장 중요한 말은 이것입니다.

"이분은 하나님 말씀에 순종하며 살았습니다."

그 말 한마디가, 장례를 예배로 바꿉니다.

왜냐하면 그 말은 고인을 설명하는 말이 아니라,

복음을 설명하는 말이기 때문입니다.

5장 마무리 묵상

장례는 고인을 기억하는 자리이지만,

예배는 하나님을 높이는 자리입니다.

그래서 기독교 장례는 이렇게 고백해야 합니다.

"이 예배의 주인공은 예수 그리스도이십니다."

그 때, 장례는 단순한 추모식이 아니라,

복음이 선포되는 예배가 됩니다.

6

초기 기독교 장례는
왜 세상을 놀라게 했는가

1890년대, 복음이 처음 이 땅에 들어왔을 때의 이야기입니다.

그 시절 조선의 장례는 철저히 유교적 질서 속에서 이루어졌습니다.

상복의 색, 곡하는 소리, 상여의 움직임, 묘를 쓰는 자리까지…

모든 것이 오랜 전통과 관습에 의해 정해져 있었습니다.

그런데 이상한 사람들이 나타났습니다.

예수를 믿는 사람들이었습니다.

그들의 장례는 너무도 낯설었습니다.

상여를 메고 가면서 곡을 하지 않았습니다.

대신 찬송을 불렀습니다.

상여 앞에 십자가를 들고 갔습니다.

묘 앞에도 십자가 표식을 남겼습니다.

사람들은 수군거렸습니다.

"저 사람들은 왜 저렇게 장례를 치르는가?"

"슬퍼하지도 않고 노래를 부르네…"

"이상한 사람들이다…"

그런데도 그들은 바꾸지 않았습니다.

왜일까요?

그들은 장례를 '전통'이 아니라, '신앙의 고백'으로 보았기 때문입니다.

초기 기독교인들에게 장례는 단순한 의식이 아니었습니다.

믿음을 세상에 드러내는 자리였습니다.

장례 또한 신앙의 고백으로 보여주고 있었습니다.

그들의 장례는 말보다 더 강력한 복음의 증언이었습니다.

찬송을 부르며 발인을 하는 모습은

"죽음이 끝이 아니다"라는 믿음의 표현이었습니다.

그런데 이것은 후대에 꾸며낸 이야기가 아닙니다.

당시 기록이 남아 있습니다.

1) 1897년 3월 24일 자 「죠선크리스토인회보」는 달성 회당 교우 손순옥의 장례를 전합니다. 이 기사에는 이런 문장이 나옵니다.

죠선크리스토인회보
1897. 3. 24
셰샹을 쩌늣되 질거온 ᄆᆞ음 쑨이요 그밤에 교우의
몽즁에 쥬의 은혜롤 잇지말나고 ᄒᆞ며 후일에 만나기롤
부탁 ᄒᆞ엿시니 우리 보기에 텬당가는 증거가 분명
ᄒᆞ지라 교우가 다가셔 찬미와 긔도ᄒᆞ고 샹예와 관곽은
교즁으로 당ᄒᆞ고 십륙일에 례비당에 들어와 례롤
벼풀고……교우 륙십여 원이 슈상ᄒᆞ여 거리거리
찬미ᄒᆞ여 텬당가는 령혼을 위로ᄒᆞ더라

옛 문장이지만 뜻은 분명합니다. 그들은 죽음 앞에서 '두려움' 만 말하지 않았습니다.

장례는 '울음만 남는 자리'가 아니라, '찬송과 기도'로 곁을 지켰다고 기록합니다.

그리고 놀라운 것은 예배당 안에서만이 아닙니다.

"거리거리 찬미"라고 기록된 것처럼, 찬송은 예배당을 넘어 길 위로 나

왔습니다.

장례 행렬 자체가 '복음의 행렬'이 되었습니다.

2) 1898년 1월 6일 자「그리스도신문」도 비슷한 장면을 기록합니다. 새문안교회 집사 홍윤 씨 모친장례 기사입니다.

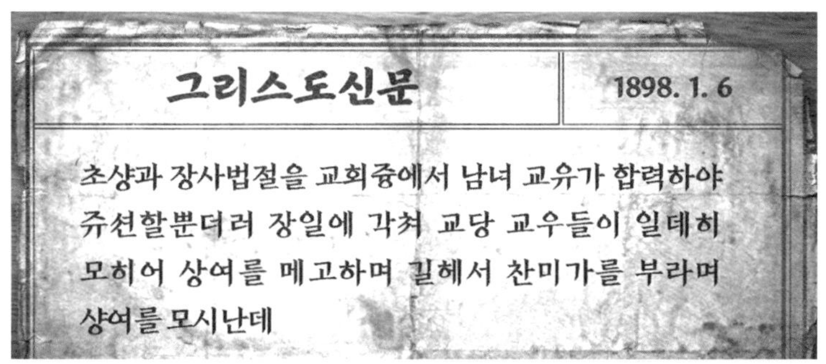

당시 장례는 '곡소리'가 중심이었습니다.

그런데 교회는 그 길에서 찬송을 불렀습니다.

이것은 "슬퍼하지 않았다"는 뜻이 아닙니다.

슬퍼하면서도, 그 슬픔을 소망의 언어로 붙들었다는 뜻입니다.

죽음을 끝으로 말하지 않고, 부활과 천국의 약속 안에서 해석하려 했던 것입니다.

3) 1898년 1월 26일 자「대한크리스도인회보」는 더욱 구체적입니다.

강화 홍해교회 고씨 부인의 장례를 전하며 이렇게 기록합니다.

대한크리스토인회보 1898. 1. 26

별셰ᄒᆞ니 ᄌᆞ녀 뎨손들이 조곰도 슬품이 업고 임시에
죠화ᄒᆞ시던 찬미로 텬당가는 령혼을 위로ᄒᆞ며 본
교우들이 체체히 복을 입엇ᄂᆞᆫ더 구쥬의 구속ᄒᆞ신
십ᄌᆞ가로 형뎨됨을 표 ᄒᆞ랴고 십ᄌᆞ건을 쓰고 부인들은
짓무명 조고리에 십ᄌᆞ를 노아 닙엇더라……교즁례로
션산에 안쟝ᄒᆞ고 묘견에 십ᄌᆞ픠ᄅᆞᆯ 셰웟스니

이 기사에는 초기 교회 장례의 '정체성'이 그대로 드러납니다.

십자건을 쓰고

옷에도 십자가를 달고

묘 앞에도 십자가를 세웠다

즉 장례는 단지 장례 절차가 아니라, 우리는 십자가로 구원받은 사람이
라는 선언이었습니다.

세상은 장례를 통해 그들의 믿음을 보게 된 것입니다.

또 "조금도 슬픔이 없고"라는 표현도 나오는데, 이것은 눈물이 없었다
는 말이라기보다 절망에 잠기지 않았다는 의미로 읽는 것이 자연스럽

습니다.

슬픔이 있어도, 그 슬픔이 전부가 되지 않게 붙드는 것이 신앙입니다.

4) 1898년 7월 21일 자 「그리스도신문」(새문안통신)은 더 놀라운 결정
을 전합니다.

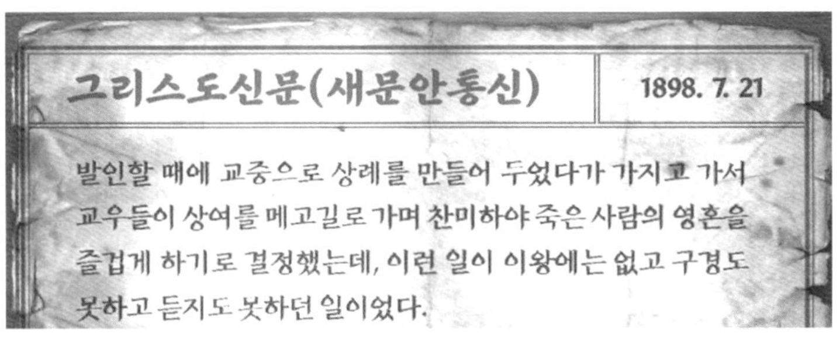

새문안교회가 1898년 6월 제직회에서 구제사업의 하나로, 발인 때 사
용할 장례 물품을 교회에서 준비해 두었다는 내용입니다. 기사는 그것
을 두고 "이런 일은 이왕에는 없고 구경도 못하고 듣지도 못하던 일"이
었다고 말합니다.

전통적으로는 마을의 공동 상여를 사용해 장례를 치렀지만, 새문안교회
는 교회 장례를 위한 상여를 따로 마련했습니다.
그리고 그 상여를 메고 가는 길에서 찬송하며 발인하기로 결정했습니

다.

장례의 도구(상여)부터 행렬의 언어(찬송)까지, 교회는 장례를 신앙의
방식으로 새롭게 구성해 가고 있었던 것입니다.

5) 1898년 10월 31일 자 「교회통신」에는 평북 철산교회 방원태 성도의
유언이 소개됩니다.

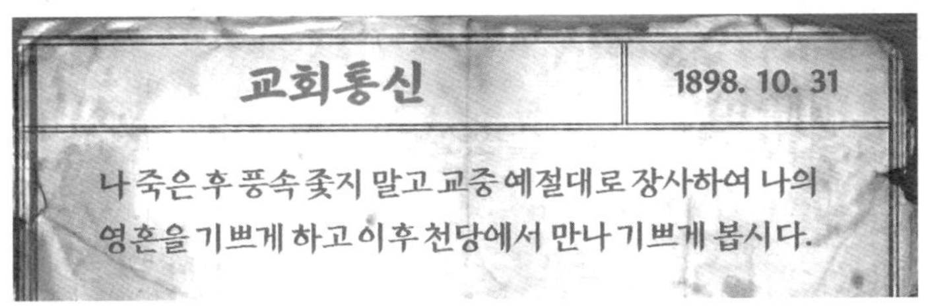

이 유언이 말해주는 건 분명합니다.
그에게 장례는 "풍속을 지키는 자리"가 아니라, 마지막까지 "믿음을 지
키는 자리"였습니다.
그는 죽음을 앞두고도 "다시 만남"을 말합니다. 장례는 끝이 아니라, 소
망을 남기는 자리가 됩니다.

6) 1898년 11월 30일 자 「대한크리스도인회보」, 인천 교우 강여집 씨 기
사는 장례 행렬의 모습이 생생합니다.

대한크리스토인회보　　1898. 11. 30

교우가 다가셔 찬미와 긔도ᄒ고 상여를 새로 ᄉ빅
ᄉ십여량을 드려 ᄆ돌고 관곽을 당ᄒ여 십팔일
하오 아홉시에 례빙당에 드러와 예를 베풀고 상여를
교우들이 메고 대로샹으로 가ᄂ더 복ᄉ와 교즁
유ᄉ들이 셩경을 들고 압헤쇼 졀츠잇게 나가고 뒤에ᄂ
여러 교우와 학당 ᄋ히들과 부인네들과 졀츠 잇게 거리
찬미를 긋치지 안코 산에ᄭ지 가셔 복ᄉ가 예를 베풀고
남녀 교우 팔십 여원이 찬미ᄒ여 텬당가ᄂ 령혼을 위로
ᄒ엿더라.

여기서 인상적인 단어는 "절차 있게" 입니다.

이 장례에는 질서가 있습니다. 세상의 체면을 세우는 질서가 아니라, 말씀과 찬송이 앞서는 질서입니다.

장례가 '사람을 높이는 행사'가 아니라, '하나님을 높이는 예배'가 되도록 정돈되어 있었습니다.

그 시절 장례는, 마을 사람들이 기독교인을 가장 강하게 인식하는 자리였습니다.

"저 사람들은 죽음을 저렇게 보는구나…"

그 한 장면이, 수많은 설교보다 더 강력했습니다.

그래서 초기 기독교 장례는 세상을 놀라게 했습니다.

그렇다면 오늘 우리의 장례는 어떠할까요?
오늘 장례식장에서 사람들은 무엇을 보고 있을까요?

찬송 소리가 들리지만, 전통 관습도 그대로 보이고,
상업적인 장례 절차 속에 예배가 한 순서로 놓인 모습은 아닐까요?

혹시 우리는 초기 신앙의 선배들이 그렇게 지키려 했던 장례의 모습을
잃어버린 것은 아닐까요?

이 질문은 누군가를 비판하기 위한 질문이 아닙니다.
우리 자신을 돌아보기 위한 질문입니다.

초기 기독교인들은 장례를 통해 믿음을 드러냈습니다.

그렇다면 오늘 우리는, 장례를 통해 무엇을 드러내고 있을까요?

6장 마무리 묵상

초기 기독교인들의 장례는

그들의 믿음을 가장 분명하게 보여 주는 자리였습니다.

사람들은 장례를 보며

그들의 신앙을 이해했습니다.

그렇다면 지금의 장례는 어떻습니까?

지금의 장례는 우리의 신앙을 어떻게 드러내고 있을까요?

3부

우리가 놓치고 있던 장례식장의 풍경들

낯선 전통과
기독교 예전의 혼합

장례식장에 들어가면 우리는 익숙한 장면들을 봅니다.

상복을 입은 유가족들,

절을 하는 모습,

향을 피우는 모습,

곡을 하는 어르신들,

국화를 올려놓는 모습,

그리고 그 사이에서 조용히 들려오는 찬송가.

이 모든 것이 너무 자연스럽게 느껴집니다.

그래서 우리는 이렇게 생각합니다.

"기독교 장례는 원래 이런 거 아닌가?"

아닙니다.
지난 장에서 우리는 초기 기독교인들의 장례를 보았습니다.
물론 그 시대 모든 교회와 모든 성도가 같은 모습은 아니였을 것입니다.

어떤 공동체는 장례를 예배로 세우기 위해 새로운 길을 만들었고,
또 어떤 성도들은 익숙한 풍속을 조금씩 섞어가며 장례를 치르기도 했
습니다.

그래서 오늘 우리가 마주한 '혼합'은 최근에 갑자기 생긴 문제가 아닙
니다.
교회는 오래전부터 이 질문 앞에 서 있었습니다.

1901년 『그리스도신문』에는 '장례문답'이 실려 있습니다.

그리스도신문(장례문답)	1901. 8. 15

문 텬하사람의 장례가 일반이뇨

답 갓지하니하니 땅에 파뭇는자도 잇고 물속에 가라안게
　　하는쟈도 잇고 불노살오난쟈도 잇고 관속에 녀허
　　따우헤노하 두난 자도 잇고 거적송장으로 잇고

문 무삼뜻사로 그리 하나뇨

답 이난 명당을 엇어 그자손이 발복하라 함이니라

문 참 그러하뇨

답 무한히 어리석은 일이니 자손의 발복이 다 하나님의
　　권세아래 잇나니

문 그러면 장례랄 무삼 풍속으로 할거시뇨

답 세샹에 문명한 나라들은 님군이 죽으나 백셩이 죽으나
　　하나님의 주신 신구약을 보고 죵용하고 슯흔 모양으로
　　장사 하나니라

문 대한의 장례즁에 급히 곳칠 풍속이 무어시뇨

답 머리풀고 크게 우난것과 뵈옷닙고 삼년상 닙난것과
　　장사 지낼매에 음식을 만히 차려노코 배룰니 먹난거시
　　두말업시 다업시할 풍속이니라

그때도 성도들은 물었습니다.

"믿는 사람의 장례는 어떻게 해야 합니까? 풍속과 섞어도 됩니까?"

장례문답은 장례를 신앙의 기준으로 장례를 분별하도록 몇 가지를 분명히 말합니다.

먼저, 묘자리를 통해 자손의 복을 빌려는 마음을 내려놓으라고 합니다.

"자손의 발복이 다 하나님의 권세 아래 있나니…"

복은 땅이 아니라 하나님께 달려 있다는 고백입니다.

또 장례의 풍속 가운데 '급히 고칠 것'도 구체적으로 짚습니다.

과도한 곡, 삼년상, 지나친 상차림 같은 것들입니다.

슬픔을 금지하자는 말이 아니라, 장례를 둘러싼 과시와 과잉을 덜어 내자는 뜻입니다.

그리고 마지막으로 기준을 이렇게 정리합니다.

"하나님의 주신 신구약을 보고… 종용하고 슮은 모양으로 장사 하나니라."

장례의 기준을 풍속이 아니라 말씀에 두라는 말입니다.

장례는 전통을 지키는 자리가 아니라, 믿음을 드러내는 자리이기 때문입니다.

1907년에 만들어진 『예수교회상례』라는 작은 예식서에도 비슷한 경계선이 정리되어 있습니다.

기독교인이 장례를 치를 때 조심해야 할 것들을 구체적으로 적어 놓았습니다.

초혼을 하지 말 것.

길일을 따지지 말 것.

명당을 찾지 말 것.

지전을 태우지 말 것.

굿을 하지 말 것.

왜 이런 내용을 굳이 적어 두었을까요?

그 당시에도 사람들은 믿음을 고백하면서도, 익숙한 관습을 쉽게 내려

놓지 못했기 때문입니다.

그래서 교회는 말했습니다.

"이것은 우리의 믿음과 맞지 않는다."

그런데 지금 장례식장에 가 보면 어떻습니까?

초혼은 하지 않지만,

길일은 여전히 따지고,

명당 이야기는 여전히 오가고,

전통적 관습은 자연스럽게 이어지고 있습니다.

그리고 우리는 이렇게 말합니다.

"이 정도는 괜찮지 않을까?"
이 말이 익숙해질수록, 장례는 조금씩 섞이기 시작합니다.

기독교 장례는 예배입니다.
그러나 혼합된 장례는 예배와 의례가 섞여 있는 모습입니다.
찬송이 울려 퍼지지만, 동시에 전통 관습도 자연스럽게 이어집니다.
그래서 장례식장은 어딘가 어색한 자리가 됩니다.

예배 같기도 하고, 전통 의례 같기도 하고, 상업적인 절차 같기도 합니다.
이 모습이 너무 익숙해져서, 우리는 더 이상 낯설게 느끼지 않습니다.

초기 기독교인들이 애써 지키려 했던 고백이 있습니다.
"장례는 신앙의 고백이다."

그러나 오늘의 장례 현장에서는 예배가 중심이기보다 절차의 한 부분으로 취급되는 경우가 적지 않습니다.
이 차이는 매우 큽니다.
이 장에서 우리는 누군가를 비판하려는 것이 아닙니다.
우리 안에 너무 자연스러워진 '혼합'을 돌아보려는 것입니다.
그리고 다시 물어야 합니다.

"우리가 잃어버린 것은 무엇인가?"

"우리가 지켜야 하는 것은 무엇인가?"

초기 기독교인들이 장례를 통해 보여 주었던 믿음의 선명함, 그 고백의
힘을 우리는 다시 회복해야 합니다.

7장 마무리 묵상

혼합은 천천히 스며듭니다.

그래서 우리는 잘 느끼지 못합니다.

그러나 어느 순간,

이 질문이 다시 들려옵니다.

"우리가 원래 지키던 것이 무엇이었지?"

이 질문이 시작되는 자리에서,

장례는 다시 예배로 회복되기 시작합니다.

장례는 왜
'시간표'가 되었을까요

요즘 장례는 대부분 병원 장례식장에서 이루어집니다.

고인이 임종하면, 병원에서 곧바로 장례식장으로 이동합니다.
그곳에는 이미 많은 것이 준비되어 있습니다.

입관실, 조문실, 접객실, 화장 예약, 봉안당 안내까지.
장례는 하나의 시스템처럼 돌아갑니다.

유가족은 무엇을 해야 할지 몰라도 괜찮습니다.
장례지도사가 친절하게 순서를 안내해 줍니다.

"지금은 이것을 하시면 됩니다."

"다음은 이 시간에 이렇게 하시면 됩니다."

경황이 없는 유가족에게는 이 말이 큰 위로가 됩니다.
정신이 없을 유가족들에게, 누군가가 길을 잡아 주기 때문입니다.

그런데 이 구조 안에서, 장례예배는 어디에 자리하고 있을까요?

어느 장례식장에서 입관예배를 드리려고 하는데 이런 말을 들었습니다.
"목사님, 예배는 30분 안에 끝내 주세요. 다음 팀이 들어와야 합니다."

그 말을 듣는 순간, 마음이 멈칫했습니다.
장례예배는 시간이 남아서 하는 일이 아닙니다.
장례의 중심이어야 하는데, 시간표 사이에 끼워 넣는 순서가 되어 버린
것 같았습니다.

어느 날은 예배 시간이 조금 밀렸습니다.
제가 말씀을 마치고 축도로 예배를 마치려는 순간, 장례식장 직원이 문
밖에서 조용히 손짓을 했습니다.

"목사님, 다음 빈소가 대기 중이라서요…"

축도가 끝나자마자, 의자를 정리하는 소리와 문이 열리는 소리가 동시에 났습니다.

유가족은 아직 눈물을 닦고 있었는데, 공간은 이미 '다음 일정'을 위해 움직이기 시작했습니다.

이곳에서는 예배가 '장례의 중심'이 아니라, '시간표 안의 한 칸'이 되기 쉽다는 것을 그때 깨달았습니다.

장례식장은 '효율'이 가장 중요한 공간입니다.

정해진 시간, 정해진 일정, 정해진 순서.

이 흐름 속에서 장례는 점점 '절차'가 됩니다.

그리고 예배도, 그 절차 중 하나가 됩니다.

이것이 오늘 우리가 맞닥뜨리는 현실입니다.

사실 '장례를 절차로 정리하려는 움직임'은 어제오늘의 일이 아닙니다.

근대 이후 장례는 점점 규범과 표준의 언어로 정리되어 왔고,

일제강점기에는 『의례준칙』처럼 국가가 의례를 규정하려는 시도도 있었습니다.

장례가 신앙의 사건이라기보다 '정해진 방식'으로 굳어지기 쉬운 토대가

그때부터 더 단단해진 셈입니다.

과거에는 장례가 집에서 이루어졌습니다.
교회가 함께했고, 성도들이 모였고, 밤새 말씀과 기도가 이어지기도 했
습니다.

지금은 어떻습니까?

장례식장 접객실에는 음식이 준비되어 있고, 조문객들은 식사를 하고
돌아갑니다.

예배는 잠시, 접객은 오래.
이 구조 속에서 장례는 점점 '예배'보다 '행사'처럼 느껴지기도 합니다.

여기에 또 하나의 요소가 더해졌습니다.

장례는 이제 '서비스'가 되었습니다.
꽃의 종류, 관의 재질, 수의의 가격, 봉안당 위치까지 모든 것이 선택의
대상이 됩니다.

유가족은 슬픔 속에서도 계속 결정을 해야 합니다.

"이걸로 하시겠습니까?"

"저걸로 하시겠습니까?"

"조문객 음식은 무엇으로 하시겠습니까?"

그 과정 속에서 장례는 점점 '신앙의 시간'이 아니라 '결정의 시간'이 되어 갑니다.

이것은 누군가의 잘못이 아닙니다. 시대가 이렇게 바뀐 것입니다.

도시화, 병원 중심의 의료 체계, 장례 산업의 발전, 화장의 보편화.

이 변화들 속에서 장례의 공간과 구조가 달라졌습니다.

그리고 그 구조 안으로 교회는 충분히 준비하지 못한 채 들어오게 되었습니다.

그래서 오늘의 장례식장은 낯선 장면이 펼쳐집니다.

한쪽에서는 찬송이 들리고,

한쪽에서는 음식이 오가고,

한쪽에서는 상담이 이루어집니다.

이 모습이 너무 익숙해져서

우리는 더 이상 이상하게 느끼지 않습니다.

그러나 조용히 물어야 합니다.

"이 구조 속에서, 예배는 중심에 서 있는가?"

장례는 신앙의 사건이어야 하는데, 현실은 너무 바쁘고, 너무 분주하고,

너무 복잡합니다.

그래서 우리는 더더욱 미리 준비해야 합니다.

나의 장례식에서 드리는 마지막 예배를 말입니다.

8장 마무리 묵상

오늘 우리는 '바쁜 장례'의 구조 안에서 장례를 치르고 있습니다.

이 현실을 부정할 수는 없습니다.

그러나 이 구조 속에서도

예배를 중심에 세울 수는 있습니다.

그 시작은,

살아 있을 때 나의 마지막 예배를 준비하는 일입니다.

9

천국 이야기 속에
울지 못한 사람들

장례식장에서 우리는 이런 말을 자주 합니다.

"좋은 데 가셨어요."

"천국 가셨으니 너무 슬퍼하지 마세요."

"이제 고통 없는 곳에 계세요."

이 말들은 틀린 말이 아닙니다.

믿음의 고백입니다.

그런데 이상하게도,

이 말들이 반복될수록 사람들의 눈물은 더 깊어집니다.

왜일까요?

소망의 말이 위로가 되면서도,
동시에 어떤 감정을 눌러 버릴 때가 있기 때문입니다.

그 감정은 바로 애도입니다.

천국은 믿지만,
이별은 여전히 아픕니다.

그런데 우리는 장례식장에서 이 아픔을 충분히 다루지 못할 때가 있습니다.
자꾸 이런 말로 마음을 덮어 버리기 때문입니다.

"믿음이 있으니, 너무 슬퍼하지 마세요."

그래서 저는 장례예배를 인도할 때, 유가족에게 이렇게 말해 보기도 합니다.

"오늘은 억지로 괜찮은 척하지 않으셔도 됩니다. 울어도 괜찮습니다. 하나님이 이 눈물을 아십니다.”

“천국 소망을 믿는 것과, 지금 보고 싶어 우는 것은 함께 갈 수 있습니다. 믿음은 눈물을 지우는 게 아니라, 눈물 속에서 우리를 붙드는 것입니다.”

“우리는 오늘 이별을 슬퍼하지만, 동시에 부활의 약속을 붙듭니다. 하나님께서 남은 걸음도 함께 걸어 주실 것입니다.”

이런 한두 문장이 유가족의 마음을 ‘정리’해 주지는 못해도, 적어도 마음이 숨을 쉴 자리를 만들어 줄 때가 있습니다.

기독교 장례는 오랫동안 ‘부활의 소망’을 강조해 왔습니다.
그것은 매우 귀하고, 반드시 지켜야 할 고백입니다.

하지만 어느 순간부터 이 고백이 애도를 덮는 말처럼 사용되기도 했습니다.

“천국 갔으니 괜찮다”라는 말이 어느새 “슬퍼하지 말라”라는 말처럼 들리게 된 것입니다.

그래서 사람들은 울음을 삼키고,

슬픔을 말하지 못한 채,
가슴속으로 꾹꾹 눌러 버팁니다.

어느 집사님은 장례를 치른 뒤 이렇게 말했습니다.
"장례는 잘 끝났는데, 마음이 하나도 정리되지 않았어요."

예배는 드렸지만, 애도는 하지 못했기 때문입니다.

성경은 애도를 금하지 않습니다.
오히려 애도를 믿음의 자리로 이끕니다.

아브라함은 사라를 위하여 슬퍼했고,
다윗은 사울과 요나단의 죽음 앞에서 울었고,
예레미야는 예루살렘과 백성의 상처를 바라보며 눈물로 탄식했고,
예수님도 나사로의 무덤 앞에서 눈물을 흘리셨습니다.

성경 속 믿음은
눈물을 숨기는 믿음이 아니라,
눈물 속에서도 하나님을 붙드는 믿음이었습니다.

그래서 장례는 '천국 환송 예배'이기도 하지만,
동시에 '남겨진 사람들을 위한 애도의 예배'이기도 합니다.

이 둘이 함께 있어야 합니다.

소망만 있고 애도가 없으면, 마음은 위로받지 못합니다.
애도만 있고 소망이 없으면, 마음은 절망에 갇히게 됩니다.
기독교 장례는 울면서도 소망을 붙드는 자리여야 합니다.

천국을 선포하면서도 슬픔이 머물 수 있는 자리.
부활을 말하면서도 눈물을 멈추지 않아도 되는 자리.
그 자리가 바로 성경적인 기독교 장례입니다.

9장 마무리 묵상

"천국 가셨습니다"라는 말은 소망의 말입니다.

그러나 그 말이 애도를 막는 말이 되어서는 안 됩니다.

기독교 장례는

슬픔을 덮는 예배가 아니라,

슬픔을 품는 예배여야 합니다.

그러므로 우리는 이렇게 말할 수 있어야 합니다.

"울어도 괜찮습니다. 그리고 그 눈물 속에서도 소망을 붙드십시오."

10

화해와 축복의 전야제

우리는 대부분 장례를 '죽은 뒤의 일'로 생각합니다.

성경을 보면 죽음은 갑작스럽게 찾아옵니다.

그럼에도 믿음의 사람들은 마지막을 미리 준비했습니다.

야곱은 자녀들을 불러 모아 마지막 말을 남기고 각 사람을 축복했습니다(창 49:1-2, 28).

모세도 임종을 앞두고 이스라엘을 향해 축복을 선포했습니다(신 33:1).

바울은 자신이 떠날 때가 가까워졌음을 알며 믿음의 길을 디모데에게 부탁하는 편지를 남겼습니다(딤후 4:6-8).

그리고 다윗도 죽을 날이 임박했을 때 아들에게 남길 말을 준비했습니다(왕상 2:1-3).

성경의 마지막 장면은 놀라울 만큼 닮아 있습니다.

그들은 죽음 앞에서 남은 일들을 정리하기보다 늘 기도하던 이들에게
마음을 먼저 건네며 사랑을 말하고, 용서를 구하고, 축복하며 기도했
습니다.

한 번은 이런 일이 있었습니다.
한 집사님이 중병으로 오래 병상에 누워 계셨습니다.
의사들은 "이제 시간이 얼마 남지 않았습니다"라고 말했습니다.

그 집사님은 가족들을 모두 불러 달라고 했습니다.
그리고 한 사람, 한 사람의 손을 잡고 이렇게 말했습니다.
"혹시 내가 마음 아프게 한 일이 있으면 용서해다오."

가족들은 모두 울었습니다.
그 자리에서 오랫동안 풀지 못했던 오해가 풀렸고, 오랫동안 하지 못했
던 말들이 오갔습니다.

며칠 뒤 그 집사님은 평안히 별세하셨습니다.
그 장례식은 유난히 평안했습니다.

왜일까요?

그분의 마지막 예배는 이미 살아 있을 때 시작되었기 때문입니다.
죽기 전에, 화해가 먼저 이루어졌기 때문입니다.

우리는 장례를 너무 늦게 준비합니다.
이미 말할 수 없을 때,
이미 들을 수 없을 때,
이미 손을 잡을 수 없을 때,
그때가 되어야 장례를 준비합니다.
그때가 되면 나는 할 수 있는 것이 아무것도 없습니다.

그래서 장례식에는 늘 이런 말이 남습니다.
"그때 한 번 더 안아 줄 걸…"
"그때 그 말을 할 걸…"
이 후회가 남지 않도록, 장례는 살아 있을 때부터 준비되어야 합니다.

저는 이것을 이렇게 부르고 싶습니다.
'화해와 축복의 전야제'

내 장례식이 시작되기 전에,

관계가 정리되고,

사랑이 표현되고,

용서가 이루어지는 시간입니다.

한번 조용히 생각해 보십시오.

지금 하나님이 나를 부르신다면, 혹시 마음에 걸리는 사람이 있습니까?

아직 용서하지 못한 사람이 있습니까?

아직 사랑한다고 말하지 못한 사람이 있습니까?

그 사람이 바로 나의 장례 전에 만나야 할 사람입니다.

어느 권사님은 이런 말씀을 하셨습니다.

"나는 장례 준비 다 했어. 수의도 준비했고, 납골당도 준비했고…"

그 말을 듣고 저는 이렇게 여쭈었습니다.

"권사님, 혹시 용서도 준비하셨습니까?"

그 질문에 권사님은 한참을 조용히 계셨습니다.

장례 준비는 물건이 아니라 마음의 준비입니다.

내가 꼭 만나야 할 사람.

내가 꼭 해야 할 말.

내가 먼저 용서를 구해야 할 사람.

이것이 나의 마지막 예배를 준비하는 첫 번째 순서입니다.

장례는 죽은 뒤에 치르는 예배가 아니라 살아 있을 때 시작되는 예배입니다.

그리고 그 첫걸음은 화해와 축복입니다.

10장 마무리 묵상

마지막을 준비한다는 것은

죽음을 계산하는 일이 아니라,

사랑을 미루지 않는 일입니다.

하나님,

제가 떠나기 전에

미루어 둔 말을 하게 하소서.

미안함을 숨기지 않게 하소서.

고마움을 아끼지 않게 하소서.

그리고 제 삶이 먼저

화해와 축복으로 준비되게 하소서.

11

섬김이
화해가 되는 순간

살아있는 사람이 장례를 준비한다는 말은
여전히 낯설고, 때로는 불편하게 들립니다.

"왜 그런 이야기를 해요?"
"아직 멀었는데요…"

하지만 장례를 준비한다는 것은 죽음을 앞당겨 생각하는 일이 아니라,
관계를 미루지 않겠다는 결단입니다.

특히 화해하지 못한 마음을 끝내 미뤄 둔 채 떠나지 않겠다는 결단입
니다.
예수님은 죽음을 앞둔 마지막 밤, 제자들과 함께 자리에 앉으셨습니다.

그 자리에서 예수님이 하신 일은 긴 설교가 아니었습니다.

많은 가르침도 아니었습니다.

예수님은 겉옷을 벗고,

수건을 허리에 두르시고,

제자들의 발을 하나하나 씻기셨습니다(요 13장).

세족식은 단순히 '겸손의 상징'이 아닙니다.

섬김을 통해 '화해의 길을 여는 예식'입니다.

발을 씻는다는 것은 상대의 가장 낮은 자리로 내려가는 일입니다.

그 자리에서는 옳고 그름을 따지기 어렵고, 누가 먼저 잘못했는지도 말

하기가 어렵습니다.

그래서 세족식은 "화해하자"라고 말로 설득하는 예식이 아니라,

화해가 가능해지도록 "마음의 문을 여는 예전"입니다.

저는 요한복음 13장을 읽을 때마다 늘 한 가지 질문을 하게 됩니다.

"예수님은 왜 이 일을 십자가 '이후'가 아니라, 십자가 '이전'에 하셨을까?"

이유는 분명합니다. 화해는 죽은 뒤에 남겨진 사람들이 대신하는 일이
아니라, 살아 있을 때 반드시 해야 할 일이기 때문입니다.
장례식장에서 우리는 종종 뒤늦게 말합니다.

"그때 화해할 걸…"
"그때 사과할 걸…"

하지만 장례는 살아 있을 때 하지 못한 말을 대신해 주지 못합니다.

그래서 장례의 전야에는
말보다 먼저,
몸으로 시작하는 화해가 필요합니다.

세족식은 꼭 예배당에서만 해야 하는 의식은 아닙니다.

가정에서 부부가 서로의 발을 씻길 수도 있고,
부모가 자녀의 발을 씻길 수도 있으며,
형제가 형제의 발을 씻길 수도 있습니다.
그 행동이 이렇게 말합니다.
"내가 너보다 위에 서지 않겠다."

“내가 먼저 섬기겠다.”

“우리 사이를 이대로 두지 않겠다.”

섬김은 화해를 강요하지 않습니다.

하지만 섬김은 화해가 시작될 수 있는 자리를 만듭니다.

예수님은 세족식을 마치신 뒤 이렇게 말씀하셨습니다.

“내가 너희에게 행한 것 같이 너희도 행하게 하려 하여 본을 보였노라”(요 13:15)

세족식은 감동으로 끝나는 장면이 아니라, 예수님처럼 낮아져 섬기며 살아가라는 부르심입니다.

11장 마무리 묵상

화해는 말로만 시작되지 않습니다.

화해는 먼저 낮아지는 섬김에서 시작됩니다.

오늘,

내가 낮아져야 할 자리는 어디입니까?

내가 씻어야 할 발은 누구의 발입니까?

그 발 앞에 무릎을 꿇는 순간,

나의 마지막 예배는

이미 낮아짐으로 길을 냅니다.

"화해와 축복의 예식"

저는 장례를 연구하며, 그리고 목회 현장을 지나오며 한 가지를 자주 보았습니다.

장례식장에서 가장 많이 남는 말은 "고생하셨다"가 아니라, "그때 말할 걸"이라는 후회였습니다.

사랑했지만 충분히 말하지 못했고, 미안했지만 끝내 풀지 못했고, 용서하고 싶었지만 타이밍을 놓친 마음이 장례 뒤에 남아 있었습니다.

그래서 저는 임종을 앞둔 성도와 가족이, 말로만이 아니라 '행동으로' 서로를 향해 마음을 열 수 있는 예전이 필요하다고 생각했습니다.

그때 떠오른 장면이 요한복음 13장의 세족식입니다.

예수님은 마지막 밤에 제자들에게 긴 설교보다 먼저, 낮아져 섬기는 몸짓으로 사랑을 보여주셨습니다.

그리고 말씀하셨습니다.

"내가 너희에게 행한 것 같이 너희도 행하게 하려 본을 보였노라"(요 13:15)

장로교 전통에서 세족식을 성례로 보지는 않습니다.

그렇다고 해서 세족식이 '아무 의미 없는 상징'인 것도 아닙니다.

임종을 앞둔 성도와 가족이 서로를 용서하고 축복하는 예식으로, 세족(또는 손을 씻기는 세수식)을 적절히 사용할 수 있습니다.

이 예식은 한국 장례에서 자주 남는 '말하지 못한 감정과 갈등'을 조금이라도 덜어 주고, 죽음을 향한 신앙적 준비를 돕는 실제적인 도구가 될 수 있습니다.

가까운 목회자를 집이나 요양원, 병원으로 모셔 함께 진행할 수도 있고, 가족이 조용히 모여 간단하게 진행할 수도 있습니다.

또 하나의 장점은, 이 예식이 '거창한 행사'가 아니라는 점입니다.

물 한 대야와 수건 몇 장이면 충분하고, 긴 말보다 짧은 고백 한 문장이면 충분합니다.

"사랑합니다."

"고맙습니다."

"미안합니다."

"용서해 주세요."

이 한 문장들이, 남은 시간을 다르게 만들기도 합니다.

원하신다면 이 시간을 사진이나 영상으로 남길 수도 있습니다.

하지만 반드시 그럴 필요는 없습니다.

기록은 보여주기 위한 것이 아니라, 가족 안에서 신앙의 유산으로 남기

기 위한 선택일 뿐입니다.

무엇보다 중요한 것은, 서로의 마음입니다.

아래는 제가 박사논문에서 제안한 임종 전 세족식(세수식) 순서입니다.

장소와 시간에 맞게 필요한 순서만 취해도 괜찮고, 그대로 따라 진행하

셔도 됩니다.

세족식(세수식) 순서 제안

예식	내용
준비물	대야 2개(깨끗한 물/헹굼), 따뜻한 물, 수건 여러장, 방수포(침대보호), 비누, 의자(발 받침)
묵상	인도자 : 주님의 평강이 이 자리에 함께 하시길 기도합니다.
예배선언	인도자 : 주 예수께서 제자들의 발을 씻기신 사랑을 기억하며, 우리가 서로 사랑 안에서 섬기기 위해 이 예식으로 모입니다 (요 13:14-15)
찬송	평소에 즐겨 부르시던 찬송을 선곡한다.
기도 (요약)	주님, 임종을 앞둔 사랑하는 이를 은혜로 감싸 주시고, 우리에게 서로 용서하고, 축복할 용기를 주소서.
성경봉독	요 13:1-17 (세족식 본문), 시 23, 빌 2:1-11, 롬 8:38-39
말씀나눔 (요약)	예수님의 세족식은 끝까지 사랑의 표식입니다. 오늘 우리는 이 사랑으로 서로를 위로하고 서로를 축복합니다.

예식		내용
세족식	기도	주님 이 발(손)을 복되게 하소서, 평생의 수고를 기억하시고 지금도 주님의 손에 맡깁니다.
	씻김	따뜻한 물로 부드럽게 적시고 가볍게 닦은 뒤 마른 수건으로 조심히 닦음.
	고백	가족이 돌아가면서 짧은 감사 용서 사랑을 고백하는 시간을 가진다. 짧은 편지를 써와서 낭독해도 좋다. 예) 사랑합니다. 고맙습니다. 용서를 구합니다.
	축복기도 (유언)	배우자, 자녀, 손주 순으로 손을 얹고 "주 안에서 평강을 축복합니다." 라며 축복 기도를 한다.
	찬송	292장 주 없이 살 수 없네, 438장 내 영혼이 은총 입어
기도		주님 오늘의 섬김으로 우리 마음을 씻어 주소서. 남은 시간에도 주님의 평강과 소망이 함께 하게 하소서.
축도 또는 주기도문		

12

내가 붙들고
살아온 성경과 찬송

장례식장에서 제가 자주 드리는 질문이 있습니다.

"고인께서 즐겨 부르셨던 찬송이 있으셨나요?"
"고인이 붙들고 살아가셨던 말씀이 있으셨을까요?"

저는 이 질문을 장례식장에서 위로예배를 준비하기 전에 드릴 때가 많습니다.

장례예배는 결국, 한 사람의 신앙이 마지막으로 드러나는 자리이기 때문입니다.

가능하다면 저는, 고인이 좋아했던 찬송과 고인이 붙들던 말씀으로 예배를 준비하고 싶습니다.

그런데 그 질문을 던지는 순간,

장례식장 안의 공기가 한 번 멈출 때가 있습니다.

유가족이 서로의 얼굴을 바라봅니다.

누군가는 입술을 몇 번 달싹이다가 말을 삼키고,

누군가는 손수건을 꼭 쥔 채 고개를 떨굽니다.

잠깐의 침묵이 지나면, 조심스러운 목소리가 따라옵니다.

"목사님… 잘 모르겠어요."

가끔은 이런 말도 들립니다.

"아버지가 찬송은 좋아하셨어요. 그런데… 어떤 찬송인지, 저희가 기억

이 안 나요."

"엄마가 말씀을 참 좋아하셨어요. 근데… 가장 좋아하신 말씀이 뭐였

을까요…."

그 말 끝에서 목소리가 떨립니다.

슬픔 때문만이 아닙니다.

그 순간 유족의 얼굴에는 슬픔과 함께, 미안함이 섞인 표정이 스쳐 지

나가기 때문입니다.

저는 그 침묵 앞에서 자주 마음이 아픕니다.

고인을 사랑하는 마음은 분명한데,
정작 고인이 평생 붙잡고 살던 찬송과 말씀을
아무도 자신 있게 말하지 못하는 장면을 자주 보기 때문입니다.
그래서 결국 일반적으로 장례에서 자주 부르는 찬송을 고르고,
많이 읽는 말씀을 찾아 예배를 시작합니다.

예배는 은혜롭게 진행됩니다.
그런데 마음 한편에는 자꾸 이런 생각이 남습니다.

'이 예배가… 고인의 고백에 더 가까웠다면 얼마나 좋았을까.'
'고인이 평생 좋아하던 찬송과 말씀으로, 마지막 예배를 드릴 수 있었
다면….'

그런데 반대로, 제 마음을 따뜻하게 해 주는 장례도 있습니다.

한 번은 유가족이 이렇게 말했습니다.

"목사님, 아버지가 늘 부르던 찬송이 있어요. 그 찬송을 꼭 불러 주세요."

예배 시간에 그 찬송이 울려 퍼졌습니다.
그 순간 유가족의 얼굴이 달라졌습니다.
울다가도 잠시 숨을 고르는 표정이 되었고,
눈물 속에서 작은 고개 끄덕임이 보였습니다.

그 찬송을 들으며 고인의 모습이 떠올랐기 때문입니다.
그 찬송은 단순한 노래가 아니었습니다.
고인이 살아 있을 때부터 부르며 붙들던, 고인의 신앙 고백이었습니다.

그 예배는 훨씬 더 따뜻했고, 훨씬 더 진실했습니다.

사람들은 마음속으로 이렇게 느낍니다.
"아, 이분은 이 찬송으로 걸어오셨구나."

장례예배가 '형식'이 아니라
한 사람의 '삶'이 담긴 예배가 되는 순간이었습니다.

우리는 평생 수많은 찬송을 부릅니다.

수많은 말씀을 듣습니다.

그런데 단 한 번,

나의 장례예배에서 읽히기를 원하는 말씀과

불려지기를 원하는 찬송을 생각해 본 적이 있습니까?

이 질문은 단순한 취향의 문제가 아닙니다.

이 질문은 내가 무엇을 붙들고 살아왔는지를 보여 주는 질문이기 때문

입니다.

내가 힘들 때마다 불렀던 찬양이 무엇이었는지,

내가 흔들릴 때마다 붙잡던 말씀이 무엇이었는지.

그것은 '장례 준비'가 아니라

내 믿음의 중심을 확인하는 일입니다.

어떤 분에게 제가 이렇게 여쭌 적이 있습니다.

"집사님, 나중에 장례식에서 어떤 찬송이 불려지면 좋겠습니까?"

그분은 한참을 생각하시다가 이렇게 말했습니다.

"내 주를 가까이 하게 함은이요. 그 찬송을 부를 때마다… 눈물이 나거

든요."

그 한 문장으로 그분이 무엇을 붙들고 살아왔는지를 알 수 있었습니다.
그 찬송은 그분의 삶을 설명해 주는 찬송이었습니다.

성경 말씀도 마찬가지입니다.

어떤 사람은 시편 23편을 가장 사랑하고,
어떤 사람은 요한복음 14장을 붙들고 살고,
어떤 사람은 로마서 12장을 마음에 품고 살아갑니다.

그 말씀은 그 사람의 인생을 지탱해 준 말씀입니다.

그래서 장례예배에서 그 말씀이 읽히는 순간, 사람들은 고인의 신앙을 떠올리게 됩니다.
"아, 이분은 이 말씀을 붙들고 버티셨구나."
"아, 이분은 이 약속을 믿고 살아오셨구나."

장례예배는 고인의 신앙이 마지막으로 선포되는 자리입니다.

그런데 그 고백을 왜 다른 사람이 '대신' 선택해야 할까요?

이제는 우리가 직접 준비해야 합니다.

조용히 시간을 내어 적어 보십시오.
내가 가장 사랑하는 찬송은 무엇인가?
내가 가장 붙들고 살아온 말씀은 무엇인가?

그리고 가능하다면, 이유도 함께 적어 보십시오.

"이 찬송을 부를 때, 나는 하나님을 더 가까이 느꼈다."
"이 말씀은 내가 무너질 때마다 나를 붙들어 주었다."

이 기록은 단순한 메모가 아닙니다.
나의 신앙 고백문이 됩니다.

언젠가 장례식장에서 그 찬송이 불려지고,
그 말씀이 읽힐 때, 남겨진 사람들은 이렇게 느낄 것입니다.

"아, 이분이 이런 믿음으로 살았구나…"

그 예배는 더 이상 형식이 아니라, 한 사람의 삶이 담긴 예배가 됩니
다.

12장 마무리 묵상

나의 장례예배는,

나의 신앙이 마지막으로 고백되는 자리입니다.

그래서 나는 오늘부터 마음을 정합니다.

내가 붙잡고 살아온 찬송을,

내가 붙들고 걸어온 말씀을.

남겨질 사람들이 헤매지 않도록,

나의 믿음이 마지막까지 흐릿해지지 않도록.

오늘, 나는 조용히 적어 봅니다.

"내가 붙들고 살아온 성경과 찬송"

13

수의보다
더 좋은 옷이 있습니다

"수의는 어떤 것으로 하실까요?"

장례지도사의 질문을 듣는 순간, 유가족은 비로소 실감합니다.

'아… 이제 장례가 시작됐구나.'

그 질문 앞에서 우리는 자연스럽게 고개를 끄덕입니다.

"돌아가셨으니 수의를 입혀 드려야지…"

사실 수의는 장례식장에 와서 갑자기 떠오르는 생각이라기보다,

우리 안에 이미 자리 잡은 '장례의 상식'처럼 따라오는 경우가 많습니다.

더 흥미로운 것은, 예전부터 이런 말도 있었다는 사실입니다.

아마 한두 번이 아니라 여러 번 들어보셨을 것입니다.

"수의를 미리 준비해 두면 장수한다."

그래서 어떤 어르신들은 수의를 준비해 두고도 이렇게 웃으며 말하곤 했습니다.

"이건 쓰려고 준비한 게 아니야. 오래 살려고 준비한 거지."

아이러니한 그 말 속에는 우리의 마음이 담겨 있습니다.

죽음을 피하고 싶은 마음, 그리고 준비해 두면 마음이 놓이는 마음입니다.

어쩌면 그 말 자체가 우리에게 한 가지를 보여 줍니다.

우리는 죽음을 정면으로 바라보는 일이 쉽지 않다는 것 말입니다.

그런데 기독교 신앙은 이 지점에서 조용히 질문을 던집니다.

"우리는 무엇을 믿는 사람들인가?"

우리가 어떤 옷을 입든지, 그 옷이 부활을 결정하는 것은 아닙니다.

우리는 흙으로 왔으니 흙으로 돌아갑니다(창 3:19). 마지막에 무엇을 입든지 크게 중요하지는 않습니다. 그러니 마지막에 무엇을 입느냐는, 부활의 그 날과는 별개의 이야기입니다.

그래서 저는 종종 이렇게 권합니다.

수의도 좋습니다. 그런데 교회에 예배드리러 간다고 생각해 보세요.

교회 갈 때 입던 단정한 옷,

예배드리러 갈 때 입던, 소중히 아껴 둔 옷,

오늘은 주님 앞에 선다는 마음이 담겨 있는 그런 옷 말입니다.

그 옷이야말로 마지막 순간에도

"나는 예배자였습니다."라는 고백을 담아낼 수 있습니다.

어느 장례식에서 이런 일이 있었습니다.

유가족이 조용히 제게 말했습니다.

"목사님, 아버지는 평생 양복을 입고 교회 가셨어요. 그 옷을 입혀 드리

고 싶어요."

그래서 아버지가 가장 아끼시던 양복을 입혀 드렸습니다.

입관예배를 마치고 조문객들이 고인을 뵙고 이런 말을 했습니다.

"아… 정말 아버지 같네요."

그 말에는 따뜻함이 있었습니다.

그 옷이 단지 '마지막 옷'이 아니라,

아버지가 평생 예배하러 가시던 '삶의 옷'이었기 때문입니다.

그 옷을 보는 순간, 사람들은 떠올립니다.
주일 아침 단정히 준비하시던 모습,
찬송을 흥얼거리며 예배당으로 들어가던 뒷모습,
기도할 때 조용히 고개 숙이던 얼굴.

장례예배가 더 진실해지는 순간은 이렇게 한 사람의 삶이 떠오를 때입니다.

수의는 마지막을 정갈하게 모시려는 사랑일 수 있습니다.
하지만 그보다 더 좋은 옷이 있습니다.
'예배드리러 갈 때 입었던' 그 옷, '예배자'의 마음이 담긴 옷입니다.

기독교 장례는 죽음을 꾸미는 행사가 아니라,
한 사람의 삶을 하나님 앞에 올려 드리는 예배입니다.

그러니 마지막 옷도
죽음을 상징하는 옷만이 아니라,
하나님 앞에 서는 마음을 담은 옷일 수 있습니다.

수의를 하느냐 마느냐의 문제가 아니라,

"나는 마지막에 어떤 사람으로 서고 싶은가" 의 문제입니다.

죽음의 옷이 아니라, 예배자의 옷.

마지막에도 주님 앞에 서듯 단정하게 서는 마음.

그 마음이 준비될 때, 장례는 더 이상 두려움의 의식이 아니라

신앙 고백의 예배가 됩니다.

13장 마무리 묵상

장례의 작은 요소들도 신앙 고백이 될 수 있습니다.

수의 대신 교회 갈 때 입었던,

기도의 자리로 나아갈 때 입었던 그 옷은

내가 어떤 믿음으로 살았는지를 말해 줄 수 있습니다.

나는 죽음을 꾸미기보다,

예배자로 주님 앞에 서고 싶습니다.

오늘도 예배하러 가듯,

마지막도 그렇게 서고 싶습니다.

5부

남겨진 이들을 위한 교회의 돌봄

14

장례성찬,
공동체를 다시 세우다

장례식장에서 우리는 늘 말씀을 듣고, 찬송을 부르고, 기도합니다.
그런데 이상하게도, 한 가지는 거의 하지 않습니다.

"성찬"

성찬은 우리에게 너무 익숙한 예전이면서도,
어느새 "주일예배에서만 하는 것"처럼 굳어 버렸습니다.

하지만 생각해 보면, 성찬은 삶의 예배를 위한 자리이기도 하고,
동시에 죽음 앞에서 가장 깊은 위로가 되는 자리이기도 합니다.

왜냐하면 성찬은 이렇게 말하기 때문입니다.

"너는 혼자가 아니다."

"너는 주님의 몸 안에 있다."

"너는 끝이 아니라, 주님의 약속 안으로 들어간다."

1) 성찬은 '장례 전'에도, '장례 중'에도 있습니다

장례 성찬을 이야기할 때, 우리는 두 가지 자리를 함께 떠올릴 수 있습니다.

하나는 임종을 앞둔 자리에서 드리는 성찬입니다.

가족이 곁에 있고, 숨이 가늘어지고, 말이 짧아질 때,

성도는 마지막으로 주님의 식탁에 참여하며 믿음을 고백합니다.

다른 하나는 장례예배 안에서 드리는 성찬입니다.

남겨진 공동체가 한 식탁에 모여

"우리는 그리스도 안에서 여전히 하나다"를 몸으로 고백하는 자리입니다.

임종 전 성찬은 '마지막 길을 여는 식탁'이고,

장례 중 성찬은 '공동체를 다시 묶는 식탁'입니다.

상황과 교회의 전통, 그리고 판단에 따라 어떤 자리에서 성찬을 베풀지
선택할 수 있습니다.

어느 병실에서 있었던 일입니다.

임종이 가까워진 집사님 곁에 가족들이 모였습니다.
말은 거의 하지 못하셨지만, 눈빛은 또렷했습니다.

저는 작은 성찬상을 준비했습니다.
빵과 잔을 들어 올리고, 조용히 말씀을 읽었습니다.

"이것은 너희를 위하는 내 몸이라…"
그분의 눈에 눈물이 고였습니다.
그리고 아주 천천히, 마지막 성찬을 받으셨습니다.

그 순간 저는 자주 느끼는 한 가지를 다시 느꼈습니다.
성찬은 설명이 아니라, 위로 그 자체라는 것.
성찬은 말로 "괜찮습니다"라고 말하는 것이 아니라,
몸으로 "주님이 여기 계십니다"라고 말하는 예전이라는 것.

며칠 뒤, 그 집사님은 평안히 소천하셨습니다.

그리고 장례예배는 유난히 조용했고, 유난히 단단했습니다.

왜일까요?

이미 그분은, 마지막 길에서 주님의 식탁을 붙잡고 떠나셨기 때문입니다.

2) 성찬은 죽음 앞에서 '가장 선명한 고백' 이 됩니다

성찬은 단지 '감동적인 의식'이 아닙니다.

성찬은 언제나 한 가지를 선포합니다.

"우리는 예수 그리스도의 죽음과 부활에 참여한 사람들이다."

그래서 성찬은 죽음 앞에서 더 선명해집니다.

장례에서 우리는 자주 '소망'을 말합니다.

그런데 성찬은 그 소망을 말로만이 아니라, 가슴에 새기게 합니다.

떡을 받을 때 우리는 기억합니다.

"그분이 나를 위해 몸을 찢으셨다."

잔을 받을 때 우리는 다시 고백합니다.

"그분의 피로 내가 살게 되었다."

장례의 한복판에서 성찬을 나누는 것은 "죽음은 끝이 아니다"라는 말을
가장 조용하고 가장 강하게 선포하는 방식일 수 있습니다.

3) "나의 장례예배에서 성찬을 나누어 주세요."
만약 내가 살아 있을 때 나의 장례예배를 준비할 수 있다면, 이렇게 요
청할 수 있습니다.

"나의 장례예배에서 성찬을 나누어 주세요."
그 한 문장은 사실 이런 고백과 같습니다.
"나는 그리스도 안에서 살았고, 그리스도 안에서 떠나며, 그리스도 안에
서 다시 살 사람입니다."
성찬은 장례를 '복음의 자리'로 다시 세워 줍니다.

14장 마무리 묵상

성찬은 삶의 예배를 위한 예전이지만,

동시에 죽음 앞에서도 우리를 붙드는 예전이기도 합니다.

그래서 장례 성찬은

부활 신앙을 가장 깊이 경험하게 하는 순간입니다.

이 고백이 있을 때, 장례는 단순한 이별의 자리가 아니라,

그리스도 안에서 다시 만날 소망의 자리가 됩니다.

마지막 길에서도 나는 혼자가 아니라는 것을,

주님의 식탁은 조용히 가르쳐 줍니다.

주님, 나의 마지막 예배에도

주님의 떡과 잔이 위로로 남게 하소서.

"공동체성을 확증하는 장례성찬"

저는 장례를 연구하며, 그리고 목회 현장을 지나오며 한 가지를 자주 보았습니다.

장례예식에서 사람들은 분명 부활을 믿고 고백합니다. 찬송도 부르고, 말씀도 듣고, 기도도 합니다.

그런데 이상하게도 그 모든 고백 뒤에도 마음이 "어디에 붙어야 할지"를 몰라 흔들리는 순간이 있습니다.

말은 충분했는데, 마음은 여전히 공중에 떠 있는 것 같은 순간 말입니다.

그때 저는 생각했습니다.

장례는 '말로 하는 위로'만으로는 충분하지 않을 수 있구나.

죽음 앞에서는 복음을 '듣는 것'만큼 '받는 것'이 필요하구나.

그래서 제가 다시 붙잡게 된 예전이 성찬입니다.

장례 성찬은 한국 교회에서 갑자기 나온 예식이 아닙니다.

실천신학 연구들 안에서도 오래전부터 장례 성찬의 필요가 반복해서 제

기되어 왔고, 무엇보다 초기 기독교의 장례 전통 안에서도 그 흔적을 찾

을 수 있습니다.

한 연구는 초기 교회의 장례를 이렇게 묘사합니다.

공동체는 고인과 함께 마지막 환송의 식사처럼 성찬을 나누었고, 그 성

찬은 죽음의 두려움을 넘어 부활 소망을 다시 붙들게 하는 절정의 장면

이 되었다는 것입니다.

성찬은 "떠나는 이를 하나님께 의탁하는 행위"이자, "공동체가 다시 세

상으로 나아갈 힘을 얻는 자리"였습니다.

토마스 G. 롱도 장례의 목적 가운데 '성만찬적 목적'을 말하며, 교회가

무덤가에서 성찬을 나누던 오랜 관습을 소개합니다.

그 식탁은 산 자와 죽은 사를 갈라놓는 자리가 아니라, 오히려 하나님 나

라의 잔치를 미리 맛보게 하는 자리였습니다.

성찬은 장례 이전에도, 장례 예식 중에도 생각할 수 있습니다.

임종 전(또는 임종 가까운 시기)의 성찬은 떠나는 성도에게 "당신은 끝까지 주님의 식탁에 속한 사람"이라는 사실을 조용히 확인해 주는 마지막 위로의 성찬이 됩니다.

말이 줄어드는 시간에, 성찬은 설교보다 더 짧고 깊게 복음을 전합니다.

장례예식 중(특히 발인예배)의 성찬은 남겨진 공동체에게 "우리는 이별 속에서도 한 몸"이라는 사실을 다시 확인시키는 공동식탁의 성찬이 됩니다.

슬픔이 개인의 감정으로 흩어지지 않도록, 교회가 한 식탁에서 함께 붙드는 소망을 선포합니다.

하지만 실제 적용은 '신중함'이 필요합니다

여기서 한 가지를 분명히 하고 싶습니다.

장례 성찬은 역사적·신학적 의미가 풍성하지만, 모든 교회가 즉시 동일하게 시행할 수 있는 '규범'으로 단정할 수는 없습니다.

교단 헌법과 성찬 이해, 당회와 노회(또는 교회 질서)의 판단을 존중해야 하고, 충분한 논의 속에서 신중하게 도입되어야 할 부분이 있습니다.

저는 이 장에서 장례 성찬을 "당장 모두가 해야 한다"는 방식으로 말하기보다, 교회가 합의 속에서 채워갈 수 있는 실천의 가능성으로 제안하려 합니다.

그래서, 이 실천자료를 붙입니다

제가 논문에서 정리한 장례 성찬 순서는, 이미 한 교단(성결교) 예식서
가 장례예식에 성찬을 도입하며 제시한 안내를 참고하여 구성한 실천
용 시안입니다.

현장에서는 교회의 형편과 전통, 시간과 공간에 맞게 조정할 수 있고,
반드시 "장례예배 전체에 성찬을 넣어야 한다"가 아니라, 교회 공동체
의 상황에 맞는 방식으로 복음의 식탁을 더 분명히 드러내는 길을 모색
하는 데 목적이 있습니다.

이제 아래 순서는, 필요하면 그대로 따라 진행할 수 있도록 정리한 것
입니다.
(교단과 교회의 원칙을 존중하며, 적용 여부는 반드시 지교회 목회자들
과 상의해 결정하시기 바랍니다.)

예식	내용
예식사	
기원	
찬송	
성경봉독	
설교	
기도	
식탁으로의 초대	사랑하는 고 OOO씨(직분)의 장례예식 중에, 우리 주께서 제정하신 거룩한 식탁으로 여러분을 초대합니다. 초대 교회는 무덤가에서도 성만찬을 나누며, 산 자와 주 안에 잠든 자가 시간과 공간을 넘어 한 식탁에 참여함을 고백했습니다. 오늘 우리는 고 OOO씨(직분)을 주께 의탁하며, 부활의 소망을 다시 고백합니다.

예식		내용
성찬기도	도입기도	창조주 하나님, 생명의 주인이신 주님을 찬양합니다. 우리에게 생명을 주시고, 죽음 가운데서도 사랑이 승리함을 보여 주셨나이다. 이제 고 OOO씨(직분)의 장례 중에 주의 식탁에 나아가오니, 그리스도의 십자가와 부활, 성령의 임재, 재림의 소망을 기억하게 하옵소서. 슬픔 중에 있는 유가족과 회중을 위로하시고, 이 성찬으로 우리의 믿음을 굳세게 하소서. 예수 그리스도의 이름으로 기도합니다. 아멘.
	제정사	일반적인 제정사이다.
	성령임재 기도	오 주님, 여기 모인 우리와 이 예물 위에 성령을 부어 주옵소서. 이 떡과 잔을 받는 우리가 그리스도 안에서 하나되게 하시고, 고 OOO씨(직분)과 함께 하나님 나라의 잔치를 소망하게 하옵소서. 이 성찬이 유가족과 회중에게 위로와 믿음으로 새 힘이 되게 하소서. 아멘.
	송영	예수 그리스도를 통하여, 그리스도와 함께, 그리스도 안에서, 성령의 하나 되게 하심으로 모든 존귀와 영광이 세세토록 아버지께 있사옵니다.

예식	내용
성찬참여	(집례자는 회중들 앞에서 떡을 들고 뜯고 포도주 잔을 들어서 보여준다. 유족들이 먼저 나와 분병과 분장을 하도록 하고 그 뒤 순서대로 한 사람씩 나와 떡을 받고 잔에 찍어서 먹도록 한다. 떡을 받고 잔에 찍어 먹을 때 집례자와 성도들은 다음과 같이 대화를 나눈다.) 배찬자: 이것은 우리를 위해 찢기신 그리스도의 몸입니다. 수찬자: 아멘 배찬자: 이것은 우리를 위해 흘리신 그리스도의 피입니다. 수찬자: 아멘
성찬 후 기도	사랑의 주님, 저희를 주의 식탁에서 먹여주셔서 그리스도와 하나가 되고 장차 영원한 천국에서 먹게 될 하늘나라의 잔치를 여기 누워 있는 고 OOO(직분)님과 함께 미리 맛보게 하시니 감사드립니다. 성령의 권능이 함께 하셔서 이제 저희 모두 주님께서 분부하신 성결한 삶을 살게 하여 주옵소서. 죽은 자와 산 자의 소망되시는 우리 주 예수 그리스도의 이름으로 기도합니다. 아멘 (성찬이 끝난 후에 집례자는 배종위원들과 함께 떡과 잔을 성찬대 위에 놓고 성찬보로 덮는다.)
의탁기도 및 기도	이제 고 OOO씨(직분)을 하나님께 의탁하는 기도와 축복, 발인 선언으로 이어집니다.

15

슬퍼하는 자와 함께
우는 교회

장례식이 끝나면, 사람들은 돌아갑니다.

조문객들은 일상으로 돌아가고, 교회 성도들도 각자의 자리로 돌아갑니다.

그런데 유가족은 그 뒤로도 같은 집, 같은 자리에서 '남은 시간'을 시작합니다.

조문객이 끊기고 문이 닫히면, 그제야 조용한 시간이 시작됩니다.

애도는 그때부터입니다.

그때 유가족은 속으로 이렇게 말합니다.

"이제 정말… 나 혼자구나."

장례예배는 은혜롭게 끝났습니다.

말씀도 힘이 있었고, 찬송도 위로가 되었고, 따뜻한 말도 충분했습니다.

그런데 시간이 조금 지나면 유가족의 마음은 다시 무너집니다.

장례는 끝났지만, 애도는 이제 시작되었기 때문입니다.

장례 기간에는 울고 싶어도 울 틈이 없습니다.

인사하고, 맞이하고, 챙기고, 절차를 확인하고, 결정을 내리다 보면 정작 슬픔은 마음 속 깊은 곳으로 잠시 밀어 넣어집니다.

그러다 며칠 뒤, 사람이 끊기고 밤이 길어지면, 접어두었던 슬픔이 한꺼번에 몰려옵니다.

그때부터가 더 힘듭니다.

성경은 우리에게 이렇게 말합니다.

“우는 자들과 함께 울라” (롬 12:15)

이 말씀은 장례식장 안에서만 쓰는 말이 아닙니다.

장례가 끝난 뒤에도 계속되어야 하는 말씀입니다.

교회의 역할은 장례예배를 드리는 것으로 끝나지 않습니다.

그 이후의 시간을 함께 걸어가는 것입니다.

어떤 위로는 '말'이 아니라 '동행'에서 옵니다.

어떤 평안은 '설명'이 아니라 '곁'에서 옵니다.

돌봄은 거창한 프로그램이 아닙니다.

전화 한 통,

문자 한 줄,

현관 앞에 조용히 놓고 가는 반찬 한 봉지,

"같이 좀 걸을까요?" 하고 손 내미는 한 번의 초대.

그리고 무엇보다, 슬픔을 '빨리 끝내지 않으려는' 태도입니다.

우리는 종종 위로하면서도 서둘러 말합니다.

"이제 힘내셔야죠."

"시간이 지나면 괜찮아져요."

"천국 갔으니 감사해야죠."

이런 말들이 틀린 건 아닙니다.

그런데 애도 중인 사람에게는 그 말이 "울지 말라"로 들릴 때가 있습
니다.

그래서 교회가 먼저 배워야 할 것은 '서두르지 않는 위로'입니다.

울 시간은 충분히 필요하고, 그 울음 옆에는 누군가가 조용히 앉아 있

어야 합니다.

어느 권사님은 이런 말을 하셨습니다.

"장례 끝나고 집에 혼자 있을 때가 가장 힘들어요."

그 말은 단순한 감정 표현이 아닙니다.

교회가 놓치기 쉬운 돌봄의 지점을 정확히 짚어 주는 말입니다.

장례 중에는 누구나 '함께' 합니다.

그러나 장례 이후에는 '남는 사람'만 남습니다.

그래서 교회는 장례 이후에 더 교회다워져야 합니다.

그래서 장례는 개인의 일이 아니라, 교회의 일입니다.

한 사람의 죽음은 공동체 전체가 함께 감당해야 할 사건입니다.

그것이 교회입니다.

장례가 끝난 뒤에도 그 이름을 잊지 않는 공동체, 그 가족의 시간을 함

께 지켜주는 공동체.

그 교회가 슬퍼하는 자와 함께 우는 교회입니다.

15장 마무리 묵상

장례는 예배로 끝나는 것이 아니라,

돌봄으로 이어져야 합니다.

주님, 우리 공동체가

장례식장에서만 함께 있는 교회가 아니라,

장례 이후의 긴 밤에도 함께 있는 교회가 되게 하소서.

말로 서두르지 않고,

곁으로 위로하게 하소서.

슬퍼하는 자와 함께 울며,

그 눈물 곁에서

주님의 사랑을 조용히 증언하는 교회가 되게 하소서.

16

추모일을
신앙 전수의 날로

장례가 끝나면, 우리는 일상으로 돌아갑니다.

시간이 지나면 슬픔도 조금씩 옅어지고,

사진 속 얼굴도 점점 익숙해집니다.

그리고 어느 날 문득,

달력을 넘기다가 그 날짜를 발견합니다.

고인이 떠난 날.

우리는 그날을 '추모일'이라고 부릅니다.

어떤 가정은 추모예배로 기억하고,

어떤 이들은 마음속으로만 조용히 품습니다.

또 어떤 가정은 그날을 말없이 지나가기도 합니다.

장례는 분주했습니다.

사람이 많았고, 해야 할 일도 많았습니다.

그런데 추모일은 다릅니다.

사람이 줄어든 자리에서,

고인의 빈자리가 더 크게 느껴지는 날입니다.

그래서 어떤 유가족들은 추모일이 다가오면 다시 마음이 내려앉습니다.

"그날이 또 오네요…"

"그때 생각이 자꾸 나요…"

장례 때는 정신이 없어서 울지 못했던 사람이, 추모일이 되면 한참을 울기도 합니다.

추모일은 단지 날짜가 아닙니다.

마음이 다시 그 자리로 돌아가는 '기억의 문'입니다.

초대교회 전승을 보면, 신앙공동체는 순교자들의 죽음을 기억했습니다.
그들의 추모일이 돌아오면 함께 모여 말씀을 읽고, 기도하며, 믿음을 다시 붙들었습니다.
왜냐하면 죽음은 단지 슬픔으로 남는 사건이 아니라, 믿음의 이야기를 다음 세대에 다시 들려줄 수 있는 자리이기도 했기 때문입니다.

그날은 상실만 확인하는 시간이 아니라, "이 믿음이 어떻게 우리에게 왔는가"를 다시 배우는 시간이었습니다.

오늘날도 많은 성도들의 가정에서는 그날을 예배로 붙듭니다.
추모일이 되면 가족이 모여, 제사 대신 추모예배를 드립니다.

그리고 그 예배는 단지 고인을 '기억'하는 시간이 아니라,
고인이 남긴 신앙을 '다음 세대에게 건네는 시간'이 됩니다.

어느 집사님 가정의 모습입니다.
어머니의 추모일이 되면 온 가족이 모입니다.
거창한 상을 차리지는 않습니다.

대신 식탁 한쪽에 성경을 올려두고, 어머니가 좋아하던 찬송을 한 곡 조용히 부릅니다.

예배가 시작되면 자녀들이 돌아가며 어머니 이야기를 꺼냅니다.

"엄마는 새벽마다 기도하셨어요."
"엄마는 힘들 때마다 찬송을 부르셨어요."
"우리가 어려울 때, 엄마는 늘 '주님이 하신다'라고 하셨어요."

그 이야기를 듣던 손주가 이렇게 말했습니다.
"나도 할머니처럼 기도하는 사람이 되고 싶어요."

그 순간, 추모일은 슬픔의 날이 아니라 신앙이 전해지는 날이 되었습니다.

추모일은 단지 그리워하는 날이 아닙니다.
고인이 어떤 믿음으로 살았는지를 다시 꺼내어 나누는 날입니다.
그래서 추모일은 매우 신앙적인 날이 될 수 있습니다.
여기에는 중요한 비밀이 하나 있습니다.
신앙은 '가르침'(교리)으로만 전해지지 않습니다.

신앙은 함께 나눈 '이야기' 속에서도 다른 사람에게 건너갑니다.

어떤 설교보다 오래 남는 것은 가정에서 들었던 한 사람의 믿음 이야기
입니다.

"그분은 왜 그렇게 기도했는가?"

"그분은 무엇을 붙들고 버텼는가?"

"그분은 어떻게 용서했고, 어떻게 사랑했는가?"

그 이야기는 자녀에게 남습니다.

그 이야기는 손주들에게 남습니다.

그리고 그 이야기가 그 가정의 신앙이 됩니다.

우리는 장례를 통해 한 사람의 신앙을 보았습니다.

그러나 그 신앙이 장례와 함께 흐려지지 않도록, 추모일이 그 믿음을 다
시 꺼내어 붙드는 날이 되어야 합니다.

그날, 가족이 모여 이렇게 말할 수 있습니다.

"아버지는 이런 믿음으로 사셨어."

"어머니는 이런 말씀을 붙들고 사셨어."

"그분이 마지막까지 놓지 않았던 찬송이 있었어."

그 이야기는 설교보다 더 오래, 자녀들의 마음에 남습니다.

추모일을 지킨다는 것은, 슬픔을 억지로 붙잡는 일이 아닙니다.

오히려 슬픔 속에서도 하나님이 우리 가족에게 남겨주신 신앙의 흔적을
다시 발견하는 일입니다.

그래서 추모일에는 이런 기도를 드리면 좋습니다.

"하나님, 고인이 남긴 사랑이 우리 안에서 신앙으로 열매 맺게 하소서."

물론 모든 가정이 한날한시에 모이기 어렵기도 합니다.
형편도 다르고, 거리도 다르고, 상황도 다릅니다.

그러니 꼭 이렇게 할 필요는 없습니다.

짧아도 괜찮습니다.
10분이어도 괜찮습니다.
한 구절 말씀을 읽고, 한 곡 찬송을 부르고, 한 문장만 나누어도 충분
합니다.

"올해도 우리는 그분의 믿음을 기억합니다."

"올해도 우리는 그분이 사랑한 주님을 붙듭니다."

추모일은 그렇게, 작게라도 신앙을 전하는 날이 될 수 있습니다.

16장 마무리 묵상

한 사람의 죽음은 끝이 아니라,

믿음이 다음 세대로 전해지는 시작이 될 수 있습니다.

"하나님,

나의 추모일이 우리 가족에게

믿음을 다시 돌아보는 날이 되게 하소서.

슬픔만 남기지 말게 하시고,

소망과 신앙을 남기게 하소서."

17

나는 오늘, 마지막 예배를
준비하며 살아갑니다

우리는 이 책을 통해 장례를 이야기했습니다.

죽음을 이야기했고,

눈물을 이야기했고,

예배를 이야기했고,

화해와 용서를 이야기했습니다.

그런데 이 모든 이야기는

죽은 뒤의 이야기가 아닙니다.

오늘을 어떻게 살 것인가에 대한 이야기입니다.

나의 마지막 예배를 생각하는 사람은 오늘을 함부로 살지 않습니다.

미움을 오래 붙들지 않습니다.

용서를 미루지 않습니다.

사랑을 표현하는 일을 늦추지 않습니다.

내가 살아온 신앙의 결이 그 예배에 드러날 것을 알기 때문입니다.

장례는 갑자기 찾아오지만, 그 장례를 준비하는 삶은 오래 걸립니다.

그래서 우리는 이렇게 살아야 합니다.

"나는 언젠가 나의 마지막 예배를 드릴 사람이다."

이 고백이 오늘을 다르게 만듭니다.

말씀을 붙들고, 찬송을 품고, 관계를 돌아봅니다.

하나님 앞에 설 날을 기억하며 오늘을 살아냅니다.

그 하루하루가 모여, 마침내 나의 마지막 예배가 됩니다.

장례는 죽은 뒤에 드려지는 예배가 아니라, 평생으로 준비되는 예배입

니다.

그래서 이 책은 장례를 준비하라고만 말하는 책이 아니라, 오늘을 믿음으로 살라고 말하는 책입니다.

17장 마무리 묵상

나는 오늘,

나의 마지막 예배를 준비하며 살아갑니다.

그날이 언제 올지는 모르지만,

그 예배가 은혜로운 예배가 되기를 바라며,

오늘을 믿음으로 살아갑니다.

기도

주님, 저의 삶이 마지막 예배를 준비하는 하루가 되게 하소서.

미움을 오래 품지 않게 하시고, 용서를 미루지 않게 하시며,

사랑을 말과 행동으로 서둘러 전하게 하소서.

제가 떠난 뒤 남는 것이 후회가 아니라 감사가 되게 하시고,

저의 삶이 조용한 신앙 고백으로 기억되게 하소서.

예수 그리스도의 이름으로 기도드립니다. 아멘.

그날을
생각하며 오늘을 삽니다

그날은 멀리 있는 것 같다가도, 문득 가까이 다가옵니다.

장례식장에 앉아 남의 슬픔을 바라볼 때,

병원 복도에서 작은 소식을 들을 때,

익숙한 이름 하나가 부고로 바뀌어 돌아올 때,

'언젠가'는 결국 '그날'이 된다는 것을.

우리는 알게 됩니다.

그래서 저는 그날을 두려움으로만 생각하지 않으려 합니다.

그날은 내 삶의 마지막 장면이지만,

내 믿음의 마지막 고백이기도 하기 때문입니다.

이 책을 쓰며 저는 한 가지를 더 분명히 보게 되었습니다.

나의 마지막 예배는 장례식장에서 갑자기 만들어지지 않습니다.

내가 살아온 방식에서 이미 시작됩니다.

용서를 미루지 않는 삶,

사랑을 아끼지 않는 삶,

기도로 하루를 붙잡는 삶,

말씀으로 다시 일어서는 삶.

그런 삶이 쌓이면 언젠가 누군가는 나의 장례예배에서 이렇게 말할 수 있을 것입니다.

"이분은 믿음으로 사셨습니다."

그 말은 하루아침에 생기는 말이 아니라, 하나님 앞에서 성실히 걸어온 시간의 열매입니다.

그날을 생각한다는 것은 죽음을 앞당겨 상상하는 일이 아닙니다.

오늘을 더 정직하게 살기 위한 선택입니다.

나는 오늘 누구에게 미안함을 남기고 있습니까?

나는 오늘 누구를 사랑하면서도 말하지 못했습니까?

나는 오늘 하나님 앞에서 무엇을 붙잡고 있습니까?

그날은 나의 삶을 정리하는 날이 아니라, 내가 이미 살아낸 삶을 드러내
는 날이 될 것입니다.

그러니 오늘이 중요합니다.

오늘의 말 한마디, 오늘의 기도 한 줄, 오늘의 화해 한 걸음이 그날의 예
배를 만들어 갈 것입니다.

저는 여전히 부족하지만, 이렇게 살고 싶습니다.

언젠가 나의 장례예배에서 사람들이 나를 기억할 때, 내 삶의 성취보다
내 믿음의 방향을 기억하게 되기를.

그리고 무엇보다 내가 사랑하던 사람들이 그날을 지나며 덜 당황하고,
덜 후회하고, 조금 더 평안히 울 수 있기를.

이 책의 마지막에서, 저는 다시 고백합니다.

나는 그날을 생각하며 오늘을 삽니다.

그날이 올 때까지, 오늘을 예배자로 살고 싶습니다.

주님,

제가 남길 마지막 예배를 위해

오늘의 삶을 거룩하게 정리하게 하소서.

사랑을 미루지 않게 하시고,

용서를 늦추지 않게 하시고,

말씀과 찬송으로 하루를 살게 하소서.

그날,

제가 준비된 마음으로 주님 앞에 서게 하시고,

남겨질 사람들에게는

소망 안에서 울 수 있는 은혜를 주소서.

이제, 당신의
마지막 예배를
준비하십시오

이 책을 여기까지 읽으셨다면, 이제 마음속에 한 가지 질문이 남아 있을 것입니다.

"그래서, 나는 무엇을 해야 하는가?"

이 질문이 생겼다면 이 책은 이미 당신 안에서 시작되었습니다.

장례를 이해하는 것과 장례를 준비하는 것은 전혀 다른 일입니다.

이제 우리는 이해를 넘어, 준비의 자리로 한 걸음 더 나아가야 합니다.

그래서 이 책의 마지막에는 당신이 직접 적어 내려갈 수 있는 6개의 부록 페이지들을 준비했습니다.

체크할 수 있는 항목도 있고, 기록으로 남길 수 있는 자리도 있으며, 필요하면 그대로 따라 할 수 있는 예식 순서도 담았습니다.

이 페이지들은 단순한 기록지가 아닙니다.

당신의 마지막 예배를 위해, 당신의 믿음이 조용히 정리되는 자리입니다. 이제 천천히, 시간을 가지고 적어 보십시오.

내가 화해해야 할 사람은 누구인가?

내가 꼭 전하고 싶은 말은 무엇인가?

내가 선택하고 싶은 찬송은 무엇인가?

내가 붙들고 살아온 말씀은 무엇인가?

나의 마지막 예배에서 꼭 이루어지기를 바라는 것은 무엇인가?

이 글은 누군가를 위한 글이 아닙니다.

바로 당신 자신을 위한 글입니다.

그리고 언젠가, 남겨질 사람들에게는 가장 깊은 위로가 될 것입니다.

우리는 장례를 준비하며 죽음을 앞당겨 생각하는 것이 아닙니다.

신앙으로 삶을 정리하는 것입니다. 그러니 이 페이지를 채우는 시간은 당신에게 거룩한 시간이 될 것입니다. 이제 천천히, 펜을 드십시오. 그리고 당신의 마지막 예배를 준비하십시오.

화해와 용서

이 페이지는 당신의 마지막 예배가 시작되는 첫 자리입니다.
마지막 예배는 지금, 관계를 정리하는 순간부터 시작됩니다.

조용히 시간을 내어 아래를 적어 보십시오.

■ **내가 먼저 용서를 구해야 할 사람**

(이름과 함께, 무엇에 대해 용서를 구하고 싶은지 적어 보십시오.)

____

____

____

■ **내가 용서해야 할 사람**

(마음속에 오래 남아 있던 이름을 적어 보십시오.)
(가능하다면, 그 사람을 위해 기도하고 싶은 한 문장도 함께 적어 보십시오.)

____

____

____

■ 내가 꼭 전하고 싶은 말

(미루지 말고, 지금 적어 보십시오.)

내가 선택한 말씀과 찬송

장례예배는 누군가가 대신 준비하는 예배가 아니라,

내 신앙이 마지막으로 고백되는 예배입니다.

이제, 당신이 직접 선택하십시오.

■ 나의 마지막 예배에서 꼭 읽히기를 원하는 성경 말씀
   (성경, 장, 절과 함께 적어 보십시오.)

____

____

____

■ 이 말씀을 선택한 이유는 무엇입니까?

____

____

____

■ 나의 마지막 예배에서 꼭 불려지기를 원하는 찬송
  (찬송가 장과 제목을 적어 보십시오.)

■ 이 찬송을 선택한 이유는 무엇입니까?

장례의 모습과 예전

장례의 작은 요소들도 신앙 고백이 될 수 있습니다.

당신의 마지막 예배가

어떤 모습이기를 원하는지 적어 보십시오.

■ 내가 입고 하나님 앞에 서고 싶은 옷
(평상복, 양복, 한복, 수의 등 구체적으로 적어 보십시오.)
(가능하다면 예배드리러 갈 때 입던 옷, 혹은 나를 가장 나답게 보여 주는
단정한 옷을 떠올려 보십시오.)

____

____

____

■ 그 이유는 무엇입니까?

____

____

____

■ 나의 마지막 예배에서 꼭 있었으면 하는 예전
 (예: 성찬, 가족 기도, 신앙 고백 나눔 등)

■ 그 이유는 무엇입니까?

■ 나의 마지막 예배가 이런 분위기였으면 좋겠습니다
 (예: 조용하고 따뜻한, 찬송이 많은, 말씀 중심의 등)

남겨질 사람들에게

언젠가 이 글을 당신이 사랑하는 사람들이 읽게 될 것입니다.

이 글은 설명이 아니라, 마지막으로 남기는 마음입니다.

천천히, 솔직하게 적어 보십시오.

■ 가족에게 남기고 싶은 말

■ 교회와 성도들에게 남기고 싶은 말

■ 나의 마지막 예배를 통해 전하고 싶은 복음의 메시지

이 글은 유언이 아니라, 신앙 고백입니다.

그래서 남겨질 사람들에게 설명보다 오래 남는 위로가 될 것입니다.

나의 마지막 예배 순서

이제 당신은 장례예배를 이해했고,

마음과 관계를 정리했고,

말씀과 찬송을 선택했고,

남겨질 사람들에게 전할 말을 적었습니다.

이제 그것을 하나의 예배 순서로 정리해 보십시오.

이 순서는 언젠가 실제로 사용될 수 있는

당신의 마지막 예배입니다.

■ 마지막 예배 순서

예배 인도: (목사님 / 교회 / 원하는 사람)

찬송 1:

기도:

성경 봉독:

전해지길 원하는 한 문장 메시지:

찬송 2:

특별히 있었으면 하는 순서
(예: 성찬, 가족 인사, 신앙 고백 나눔 등):

마지막 찬송:

이 페이지를 작성하는 순간, 당신의 마지막 예배는 더 이상 막연한 일
이 아닙니다.
이미 준비된 예배가 됩니다.

이 준비서를
가족과 교회에
전해 주십시오

여기까지 기록하셨다면,

당신은 이미 당신의 마지막 예배를 준비하셨습니다.

이제 한 가지가 남았습니다.

이 준비서를 당신의 가족과 교회에 알려 주는 일입니다.

아무도 모르는 준비는, 그때 충분히 반영되기 어렵습니다.

조용한 시간을 내어 가족에게 이렇게 말해 주십시오.

"내가 나중에 장례를 치를 때, 이 글을 참고해 주세요."

그리고 교회에도 알려 주십시오.

"목사님, 제가 제 마지막 예배를 이렇게 기도하며 준비하였습니다."

이 말은 무거운 말이 아닙니다.

오히려 남겨질 사람들에게 가장 큰 위로가 되는 말입니다.

무엇을 해야 할지 몰라 혼란스러워하지 않아도 되기 때문입니다.

이미 준비된 예배가 있기 때문입니다.

이 준비서는 당신의 죽음을 준비하는 문서가 아니라,

당신의 믿음을 정리한 문서입니다.

그리고 그 믿음은 언젠가, 가장 아름다운 예배로 드려질 것입니다.

당신의 마지막 예배가 당신의 믿음을 증언하는 예배가 되게 하십시오.

그리고 이 준비서를 사랑하는 이들에게 전해 주십시오.

나의 마지막 예배를 위한 기도

하나님 아버지,

언젠가 제가 이 땅의 삶을 마치고
주님 앞에 서게 될 날이 올 것을 믿습니다.

그날이 언제일지는 모르지만,
그날을 생각하며 오늘을 살게 하심에 감사합니다.

나의 마지막 예배가 나를 드러내는 자리가 아니라,
나를 살게 하신 주님을 드러내는 예배가 되게 하소서.

제가 살아온 삶이 "은혜로 살았습니다"라는 고백으로 남게 하시고,
그 고백이 남겨질 사람들에게 위로가 되게 하소서.

제가 미워한 사람이 있다면 용서하게 하시고,
제가 용서를 구해야 할 사람이 있다면 먼저 다가가게 하소서.

제가 붙들고 살아온 말씀과 찬송이 저의 마지막 예배에서 울려 퍼지게
하시고, 그 예배를 통해 복음이 선포되게 하소서.

제가 떠난 자리에
슬픔만 남지 않게 하시고,
소망이 함께 머물게 하소서.

그리고 제 추모일이
우리 가족에게 신앙을 전하는 날이 되게 하소서.

오늘도,
저의 마지막 예배를 준비하며
믿음으로 살아가게 하옵소서.

예수 그리스도의 이름으로 기도합니다. 아멘.

나의 장례식에서 드리는 마지막 예배

초판인쇄일 _ 2026년 3월 30일
초판발행일 _ 2026년 3월 30일

펴낸이 _ 이경환
펴낸곳 _ 도서출판 다바르

주소 _ 인천 서구 건지로 242, A동 401호(가좌동)
전화 _ 032) 574-8291

지은이 _ 이경환 목사

기획 및 편집 _ 장원문화인쇄
인쇄 _ 장원문화인쇄

ISBN 979-11-93435-22-9